One For All
All For One
精鋭リーダーへの道

エデュース・はら事務所
原 清
Hara Kiyoshi

SUNRISE

「精鋭リーダーへの道」について

メンバーと共に企業内「エデュース・リーダー研修」約300回と比叡山延暦寺・西教寺で各社集合研修「精鋭リーダーへの道」290回、合わせて590回、参加者1万5千余人の研修資料として著した一冊です。

「実証・経営原則―継ぎ、続ける―」増補・再版に併せて出す当書は初版当時、「わかりやすい、おもしろい、実践的、本質的」と喜ばれました。

国家、企業を問わず、「集団」にとって目的・目標を共有し、実践に導くリーダーの存在は重要です。

リーダーの考え方とあり様は、メンバーの考え方と行動の基準でありモデルであり、集団の運命を決める全てである、と言えます。

キャリアと年齢・立場相応の見識を軸に「自分自身のため、他（人）のために、皆のために何が出来るか、やらねばならないか……」これはリーダーとしての使命であり、リーダー自身の自覚と戒めでもあろうか、と。

当書では「基本姿勢」を『考え方』、「基本動作」を『日常生活の動作・行動』とします。コンサルとしての日々は、自身の周囲に先行きに何の打算、算段もなく、ただただその日に必死で、同年代の経営者・生きる人達にも共通する時代でした。

初版、２版時の記述は更に拙いのですが、勢いで書き下ろした文章は、日常生活に根ざすシンプルさが共感を得られたのかと思います。

考え方は全ての始まりです。順境逆境を問わず、あるがままを認め、できることから始め、続けることだと信じます。

縁ある人と「ありがとう」を交わせる自分でありたいと念じます。

四季巡る時の移ろいの速さに今、

２０２１年９月

記す

はじめに

この本は、組織を動かしていくためにリーダーがもつべきリーダーシップとは何なのかということを、わかりやすく解説したものです。

又、併せて、私共エデュースというコンサルタント会社が業務の一つとして主催している公開研修、〝精鋭リーダーへの道〟を紹介する意味もあります。すでに十三年間つづき、受講された方々も企業内実施分を含めて五千人は軽く越えました。

僅か三日間ではありますが、京都と滋賀の県境にかけて高くそびえ広がる比叡山の杉木立、樹齢二百年、三百年の樹林の中で、参加者の一人ひとりが必死になって自分という〝個〟を探し、確立するための礎づくりに精を出し、励んできたのです。

リーダーシップを発揮することは、理屈の世界に言葉をもてあそぶことではありません。

組織目標達成のための使命感、組織メンバーへの関心、自らの行動実践力、そして前提としてあるべきリーダー自身の〝人としての生き方〟を確立することが大切です。

仕事は、本来、楽しいものではありません。しかし、楽しくなければ続かないし、成就する迄の我慢もできません。

楽しくするためにはキョロキョロとヨソ見をしないで、自らが選んだ道にとにかくのめり込むことです。やってやってやり抜いている内に、必ず先が見えてきます。脇目もふらず徹底することが、結局は〝成果を喜ぶ〟という楽しさに通じるものです。そうする内に自らの影響を受ける組織のメンバーが一人、二人と増えてきて、リーダーとしての立場、役割、仕事の醍醐味を実感するものです。

「よい会社」とは「社員にとってよい会社」でなければなりません。「社員にとってよい会社であるためには、お客様から支持される会社」でなくてはなりません。

お客様から支持される会社は社員が創るのです。リーダーとはそのために存在するのです。

リーダー自身が〝個〟を確立し、成果を楽しむ仕事ができれば、メンバーはついてきます。

「よい会社づくり」のためには、リーダー自身がやるべきことのできない理由を作り、愚痴っていても自分がみじめなだけ。

勇気を鼓舞して奮いたつことです。とにかく、理屈抜きの行動を起こすことです。そこにこそ〝実践〟を基盤とした自信が湧き、更に大きな勇気が自らを励ますことでしょう。

ヤル気の基盤は会社がつくり、ヤル気集団はリーダーがつくる！

株式会社エデュース

原　清

目次

■こうしてつくられる
〝精鋭リーダーへの道〟しるべ
二泊三日の旅

精鋭リーダーへの道

潮来潮去
生命脈動
交誼遥遠
謝々師友

1　会社とは……

会社はお客様と社員と社長のためにある。

しかし、現実にはいろんな意味で中小企業、中堅企業を問わず、オーナー企業といわれる大部分の会社にとって会社はイコール経営者そのものです。

経営者にとって会社はすべてです。会社は命であり、自分のすべてをかけているということです。サラリーマンなら、職業も会社も選択する自由があります。転職・転社、どこへいこうが変わろうが、自分自身の気持ちと判断で、どうにでも出来ます。

ところが企業経営者にとって会社には、自分の有形無形すべての資産・負債、財産・借金、建物・設備・商品・ノウハウ・人、借入金保証・買掛金・保証金…、がかかっているのです。

人は誰でも、自分を他人と比べる時は、自分の都合のよいことしか見ませんし、気にもしません。しかし「社長はいいよ。サラリーマンは高いし、交際費は自由に使えるし、車は社用車…」という見方はあまりにも表面的すぎます。

会社経営に夢とかロマンがもてなければ社長という立場のしんどさを思うと、「本当にトップという立場は大変だなあ」と思ってしまいます。得とか損だけのソロバンをするなら、ソロバンに合わないのが社長業だと言えます。

社員の給料は、少なくとも世間並みかそれ以上にしなければなりません。しかし社長や役員は、世間の水準がどうであれ、自社の業績が良くなければ、サラリーをとろうにもとれないのです。

又、社員にとって会社はどんな意味があるのでしょうか。

基本的には、個人の生活を経済面から支えるための存在であること、そして、仕事をすることにより、自分の好きな仕事、やりたい仕事を通じて、自分なりの技術・技能を磨く場、夢を実現するところ。別の見方をすれば、実社会における自分の存在を確認する場でもあると言えます。

「個人的にやりたいことがあるから、そのための金を稼ぐ場である」とすることもよいでしょうが、そう割り切ってしまうには淋しさを感じるのではないでしょうか。

企業における仕事は真剣です。自由主義経済社会にあっては、保護また、保護で行政から守られている金融機関を初めとする不公正業界以外の会社はすべて、弱肉強食・優勝劣敗の厳しい原理・原則が働きます。

ですから、ビジネスは真剣勝負そのものです。

まさに竹刀でもなければ木刀でもない、皮を切られるのでもなく、骨を折られるのでもない、生きるか死ぬかの真剣そのものなのです。このような世界に身を置き、日々を過ごすかぎり真剣にならざるを得なく、その気持ちを持ち続ける限り、成長する人間としての基盤は、このような真剣勝負の修羅場でこそつくられます。

第三に〝社会性〟という側面から企業を見るとどうでしょうか。

社会が必要とするモノ・サービスを提供することで存続するのが会社というものです。お客様（消費する人）に価値あるモノ・サービスを提供し、喜んでいただくことにより、存在しつづけるための収益・利益を上げることができることを社会性のある企業と言うのです。

企業の文化貢献（企業メセナ）という言葉の中で、音楽に、舞踊に、そしてコンサートホールに、高価な絵画を集めた展示館をつくること…そのようなことだけで社会性を認識した活動だとは思えません。

単なる資産の分散であったり、節税のためでは困ったものです。会社がモノ・サービスを提供することによりお客様から価値を認めていただくことが、第一の社会性です。

そのための経営目的を達成するために、一つの旗印の下多くの人が集まって、組織を形づくるのが会社です。

〝会社とは〟をまとめますと、

〈社会という側面から見ると〉

○お客様が必要とするモノ・サービスを提供することにより、永く存続しつづけるための活動をする集団（組織）のこと。

〈社員という立場から見ると〉

○生活の糧を得るための仕事を通じて、自分の組織における、社会における存在価値を高め、確認するところ。

〈経営者という立場から見ると〉

○会社イコール経営者自身であり、自分のすべてをかけた結果である業績と将来に託す自分の夢の基盤、そして生命の息吹き高らかな芸術品。

2 会社とリーダー

企業が求めるリーダー像6つのポイント

企業・組織・リーダーと言いますと、何か〝会社第一主義〟と捉えるだけのワンパターンな発想になりがちです。会社の中で仕事をする〝人〟のことを、「仕事をする人」としての側面だけに焦点を合わせることに無理はありません。少なくとも、私達はビジネスマンであり家庭人であり、そしてその前に人としての人格を持つ人間ですから。

いろいろな顔を持つ一人ひとりから成り立っている社会の中で私達、社会人としての一側面をビジネスという場面で考えてみることは、イコール人としての自分を考えることにも通じるのです。

企業が求める人材は、会社が今を生き抜き、明日への道をきり拓くために有為な人材であり、そのための業績を具体的に上げ、人を育ててくれる人材です。

では、具体的にリーダー像はどう描けばよいのでしょうか。

〈リーダー像・その1〉

徹底した現実主義者であること

とにかく、今がなければ明日などありません。あすなろ人材(明日にはこうありたい)では困るのです。現実に今起こっていることから目をそむけて、今日すべきことを明日に延ばすような人では困るのです。アレやコレやと出来ない理由、やらない言い訳をする人では困ります。

現実に起こっている問題から目をそむけないこと、徹底して、やり抜けるだけの地に足のついたリアリストになってこそ道は拓けるのです。

そのためには腰が重くてはやってはいけないし、評論家のように総論がいくら上手くてもダメです。

日頃の地道な行動、着実な予定消化、誠心誠意の人間関係、確実な情報の収集と分析、そのための心構えがしっかりしていなければなりません。

これから先のことも大切ですが、「今がなくては明日はない」と、現場を何よりも大切に思い、具体的な行動によってこそ、初めて現実主義者であり得ます。

〈リーダー像・その2〉

欲望が特別に強いこと

欲望にもいろいろありますが、ここで言う欲望は極めて俗っぽい、人間らしい生ぐさいものなのです。例えば立身出世欲があります。「俺は出世がしたい。早く長と名のつく役職になりたい。そして、金も名誉も自分のものにしたい」。といったような単純なことでよいのです。

今の時代に〝出世〟なんて言葉は死語かも知れませんが、こんな欲望を強烈に持つ人と何の思いもなく日々を過ごす人とでは一日一日の蓄積が大きな差となって五年、十年の内に開いてくるものです。それなりの地位になって、一度同窓会に参加してみて下さい。少なくとも五人や六人が近くに来ます。但し、名刺なんかを嬉々として出さないことですよ。

賎しい人間に成り下がるのはみじめなものです。昔、よく言われたものです。「二十代に金を残すのは下賎、四十代に金がないのは馬鹿だ」と。よく解る気がするのです。若い時は、勉強をして自らを高めるためや、楽しいことのために金を費やすことは絶対に必要です。大学生の時四百万円貯めて、二十八才で一千万円の金を持っていた男を知っていますが、立派といえば立派！。しかしあまり好きにはなれません。

現実的なことを言いますが、金というものは大切なものです。人の心まで買えるとは言いませんが、それに近いところや、ものまでかなり自由になるのが金です。商売人にとって「金のないのは命のないこと」だとも聞きますが、お金をもっている人には頭を下げる人が多いのも又現実です。

まあ銀行で一千万円でよいですから現金持参で預金してみて下さい。一千万円でダメなら二千万円持っていって下さい。支店長が出てきます。奥の応接室へ入ればケーキが出てきます。

名誉欲や自己顕示欲もあった方がよいのです。公職の好きな方、団体役員の好きな方、よい格好をしたい人、沢山おられます。自分を刺激するためにはこういった欲望も無いよりはあった方が良いのです。

事のついでに金欲・色欲といった動物的な本能に根ざす欲望もあった方が自然でしょう。「よく食う人は仕事をする」とか「英雄色を好む」と古来言われていますが、案外あてはまるケースも多いものです。もっとも「無能者の大メシ食い、色ボケ色狂い」とも言いますからあくまで他人に迷惑をかけないことが基本ですが。

少なくとも言えること。それは昔の禅僧の如く清く正しく美しくではなくてよいし、煩悩といわれる類いの欲望を抑えることは美徳でも何でもないということです。「家を買いたい」「よい車が欲しい」…要するに何でもよいのです。自分自身のこういった俗っぽい目標を明確にすることが頑張れる力の源になるということです。

〈リーダー像・その3〉

夢・ビジョンを持つこと

個人的な欲望のみで動いているようでは部下、メンバーから馬鹿にされます。軽蔑もされるでしょう。

少なくとも自分自身の夢や自部門の将来展望を描けないリーダーでは部下がついてきません。又、リーダーとして、本当に力がつくか否か、部下がついてくるか否かは、リーダー自身の持つ夢、ビジョンのあり方によって決定づけられるということです。これがなければリーダーとして、本当のバイタリティーは溢れてきません。バイタリティーがなければ人を魅きつける力が出てくる訳もありません。

リーダーであるあなただって、自分のいる会社に夢も希望も持てなくて、自分のビジネス人生をかける気にならないでしょう。それと同じです。どこの誰が貧相な考えしかない人についていきますか。ついてくる人があれば、よほどの無能者か、何か特別の意図を持つ人です。

多少の苦しさやシンドさは、先に明かりの見える内は我慢しますし、頑張りもできます。一踏んばりが出来るか否か、部下、メンバーに歯を食いしばらせるか否か、それはリーダー自身が自分のやりたいことや、部門として会社として実現したいことを示せるかどうかで決まってくるのです。

〈リーダー像・その4〉
実行力に富みエネルギーに溢れていること

いつ見てもどこで会っても疲れた顔をした人がいます。病気なら仕方もありませんが、健康体であるにも拘らず、一緒にいるだけで無気力な雰囲気がこちらにも移ってくる気がしてとても厭なものです。これもヤセガマンの一つかも知れませんが、疲れていても表情に見せないことは大切なことです。

疲れている人には、本当に疲れている人と、気持ちの〝張り〟がなくて疲れてみえる人の二通りがあります。少なくとも、リーダーとして部下、メンバーを持つ身なら、弱味を見せるということはあまりにも無防備すぎます。無防備なことで同情をひこうとしてもそうは思われません。いつどんな時でも場合でも、部下やメンバーからすれば、上司たるものは強くあって欲しいものです。弱音を吐いて愚痴など言ってほしくはないのです。素裸になって、雄々しく、猛々しく斗う人であってほしいのです。

他人に負けない実行力が組織全体を動かす時の原動力です。ここで一踏んばりすることが出来れば、一度動き出した車と同じように、加速をつけて突っ走っていけるものです。


〈リーダー像・その5〉

利害感覚が特別に発達していること

ビジネスマンにとって大切な価値判断基準は何でしょう。お客様（市場）に値打をご理解いただき、売上が上ってこそ社会的に役立つビジネスとなるのですから、儲かるため・利益を上げるために、今何をすべきか、につきるのです。

極論しますと天に恥じない限り社会正義に反しない限り、どんな手段を講じようが、利益を出すためには何をやってもかまいません。

創業者オーナーの動物的とも思える発達した利害感覚は、この一点に絞られてこそ、具体的な案なり行動として表れてくるものです。

あれやコレやと小田原評定のように、会議が踊っているだけの結論の出ない会議のリーダーなんぞ、何の存在価値もありません。

徹底して、結果で勝負するのがリーダーです。結果を出すためにはアレコレ考えをめぐらし、迷っていても何にも始まりません。利害感覚、「このことをやれば儲かるか否か」こそが選択と決断に際してリーダーがもつべき価値判断基準です。

〈リーダー像・その6〉

人間研究を徹底し〝人の心〟大切に思うこと

人間性を重視すると言いますと表現がオーバーかも知れませんが、少なくともリーダーが組織を引っぱっていこうとする時の対象は人間、人そのものです。ロボットでもなければ機械でもありません。電気を送り油を注いでやれば、同じことを昼・夜問わずやり続けてくれる意志のないマシンではないのです。リーダーと同じような、あるいはそれ以上にナイーブで繊細な心根をもつ人そのものです。

物ごとに対して「わかった」という言葉には二つの意味があります。

理解（わかった）＝〝頭の中で理解は出来た〟という意味。

納得（わかった）＝〝心の中で納得できた〟ということ。

同じように「わかった」と言っても、頭の中で理解しただけでは人は動きません。具体的な行動に移れるために必要なこと、それは心から納得することです。

権力をかさに着た形だけの権威によって、その時、その場限りなら無理に動かすことも出来ましょう。しかし、リーダーがいなくなれば、手も足も頭の方も動くことをやめるものです。〝納得〟させること、して貰うことが組織を動かすポイントです。

そのために、私達はリーダーとして部下の心をわがものにするための努力をしなければなりません。

人間研究をするということは本を読んで勉強することではありません。勿論、悩めばそんなことも大切でしょう。又、本を読み音楽を聞き、見識力を高めることは、自分自身というものの生き方・在り方を今は今なりに納得のいくまで探すためにプラスになります。

常にリーダーである自分が、自ら進んで、部下・メンバーの持つ世界に近づいていこうと努力をすることが重要です。

そのためには、性格的な好き嫌いで相手を見てはダメです。先入観だけで判断することもいけません。

部下・メンバーとも縁あって一緒に仕事をすることになった訳ですから、どんな場面でも心広く、胸を開き、リーダー自身が人を好きになることです。難しいことですが愛することのできる努力をしなければなりません。

部下には上司を選べません。

「相手を知ろう、認めよう」と努力をすればその努力は必ずや相手に通じます。通じなければ通じるまでやり通すことが大切です。

組織の長として〝人を愛する〟とは具体的にどんなことなのでしょうか。

それは極論すると、相手に対して自分の子供に対する愛情に迄、少しでも近づく位の関心を持つことです。関心があればあるだけ細かいことに気も配れて、良いところは賞めてあげられ、ダメなことには厳しく対応してあげられるものです。

人間関係で、最も辛いのは何といっても相手から無視されたり無関心でいられることです。自分と一緒にビジネスの場に在るメンバーに淋しい思いをさせてはなりません。相手の生まれ、育った環境や背景もわからず、今迄何の縁もなかった人達も多いだけに大変です。

しかし、叱る時は全身で自分なりの方法でしっかりとわかるように叱るべきなのです。叱る勇気のないのは、自分がそのことを出来ていないか、相手に関心がないからです。

叱られるより賞められる方が相手には受け入れられ易いのは当り前で、叱るべき時に叱らないで、賞められる時だけ賞められても、相手はナメてかかるだけです。リーダーに対しては何の威厳も尊敬の念も抱かないでしょう。

こういったことを自分なりに考え、行動するために、何が必要で何が自分の課題かを理解すること、それを日々の行動に活かすことが精鋭リーダーへの道です。

人、各々個性があります。リーダーシップの発揮のしかたにも10人が10人違うでしょう。しかし、原理原則や一番大切な核心だけはしっかり押さえておくことです。押さえるポイントさえズレなければ、あとは自由自在に自分なりのノウハウ、ハウツーを、〝自分の心〟を基盤として、つくり上げられるものです。

結論から言いますと、リーダーシップの発揮のしかた、やり方に正解はないのです。ハウツーものをいくら勉強しても自分のものにはなりません。自分が自分の歩んできた道を糧として、自分なりの道を拓くしかありません。そのための基礎づくりが次への展開へとつながっていきます。

3　経営は実践がすべて……
経営の在り方、その基本は三チャン経営

〝経営〟はどんな場合も使われる言葉です。企業経営、農業経営、学校経営、病院経営、そして時には家庭経営という場合さえあります。

「経営する」ということは次の言葉で説明されます。〈経営とは、ヒト・モノ・カネという経営の三要素を効率的に用い、所期の経営目的を達成するために会社を動かすこと〉です。

会社丸という名の船がヒト・モノ・カネ、それに情報といったエネルギー源を効率的に用い、目的地に向かって、運行するということが経営であり、具体的に動いていることをもって「経営する」といいます。

だから、会社を現状のままで良しとすることにより、顧客も商品もサービスも、そして、社内の体制、システム、又社員そのものまでもが動かなければ、それは経営をしているとは言えません。

私自身、コンサルタント業界に入る前に在籍した機械メーカーでの話を思い出します。社員数二百九十名の中小企業でした。この会社が生産部門の一部を切り離し、子会社をつくり、そこのトップに社長の三男がトップとして就任、私は補佐役として役員の立場に在りました。

創立三年目、事業計画を練る段階で、三男であるトップの話が消極的すぎるため、私の主導で話をつめていきますと、結局彼の描く会社の将来像が、町工場のレベルを越えようとしていないことを知り、ガックリ落胆したことがあります。

「この人には自分の人生を賭けることは出来ない。今のままの延長に先は見えない。見えなければ自分でつくるしかない」と思ったものです。

〈経営力とは実践力のこと〉

実践の伴わないものは経営とは言いません。あらゆる世の中の動きは静止画面のテレビを見ているように、落着いている間に、ドンドン、現実の動きは前へ前へと進んでしまいます。

一日一日、時々刻々と顧客の要望も質量共に求めるものは違ってきています。市場全体の動きも日々の小さなうねりの集合体として、年々大きな波になって動いています。その動きの中で市場の求める商品・サービス・情報がジャストイン・タイムで供給されなければなりません。

昨日まで通用していた商品が、明日は陳腐化していることも少なくありません。よく言われるように「企業とは環境適応業である」という意味は、日々変化する市場のニーズや経営環境に応えようとする考えと行動の中でこそ会社が生き延び長らえていくという意味です。

流行語のようにビジネス・事業の再構築ということが盛んに口にされます。アチラへもコチラへも手を出して、失敗に失敗を重ねて、初めて厳しい現実を目のあたりにするのですが、本業一筋を貫くだけでも、大変ですから、関連多角化事業の開発ともなればそう簡単に上手くいきません。

木工機械のメーカーが、関連業界だと言うこじつけで家具の小売を始めて、僅か六ヶ月で倒産してしまいました。

家具のメーカーに機械を納入していることの縁でそこから家具の仕入をして、小売店舗用のビルをつくり、創業以来二十五年間続けてきた黒字経営の本体・木工機械メーカーをも潰してしまったのです。

機械業界と家具メーカー業界とは本質的に体質が異なりますし、メーカーと小売という業態も全く異なります。お客様への頭の下げ方から商習慣まで全く異なります。おまけに小売店舗の建設ロケーションが、工場地帯、扱う商品は、高級品を高いイメージで…と来れば、もう、何をか言わんやです。経営とは実践です。この実践という意味の中にセオリーに合った方向に、原則に忠実なやり方で、あくまで基本を大切に行動するという意味があります。

生きた経営を理論化したものを経営学と言いますから、今やっている経営そのものは理論化された時点でもう過去のものです。

間違ってはならないこと、それは実践が先に在ってその後に理論があるというのが経営です。

経済も経営も、特に経営に関しては「理論からいえばこうなる」ということは絶対に言えません。あくまでも広く世間に事例を求めることの出来る経験則と、自分達の実践経験から判断できるものが多くあるところに経営の難しさと楽しさがあります。

〈何でもやるのがトップ〉

昔ながらの八百屋、魚屋さんが、〝経営〟を意識してお店を切り盛りしているとは思えません。三チャン経営と言えば父チャン、母チャン、ジイチャン又は家族で店を動かすことの代名詞として用いる言葉です。その典型的なたとえとして八百屋、魚屋さんを事例にさせてもらいましょう。

社員数が何百人、何千人、売上規模が一千億を越えようが、経営の原点は三チャン経営です。それは具体的にどういう意味でしょうか。なぜ八百屋、魚屋さんの経営するお店のきりもりの仕方が経営の原点なのでしょう。

八百屋A商店

オヤジさんが自分で仕入、販売をし、

奥さんも販売、そしてソロバン勘定係。

2人が分担して店のきりもりをする。

企画 → 仕入 → 販売 → 経理

「さあ、明日も頑張ろう！」

「この金は仕入用、残りは銀行だ」

「売上は？粗利は？」

「果物は山形のサクランボ！」

「奥さん！今日の目玉はホレンソー」

「季節野菜はホーレンソーがよい。
よし、今日は産直モノを入れよう」

「陳列はどうしようかな」

「何が売れるかな」

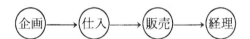

右の図にあるように、ご主人と奥さんが分担してお店の切り盛りをしています。仕入する前の企画に始まり、最後の経理で一連の仕事に一応のケジメをつけるまでをすべて、自分の頭で考え体を使って商いをします。

通常、会社の中では、購買部、資材商品部、企画開発部、営業部、製造部、研究所、財務経理部、総務部…といった仕事があります。三チャン経営の八百屋さんでは、すべてのこれらの仕事（機能別）を一人でこなしています。

本来一人でこなすべき仕事が、企業規模の拡大に伴い、多くの部門に分けられ、多くの人達によって運営されているにすぎないのです。これが会社の在り方、特に組織の在り方の原点です。

一見すると複雑な組織体制も原点に帰って考えてみれば極めてシンプルなものですから、そんな小難しい理論に振りまわされる必要は全くありません。

三チャン経営は、基本的にオヤジさん一人が考え、動きます。そこへ他人が入り、二人、三人、五人、百人…と多くの人に仕事を分担していくわけですから、全体の会社組織があたかも一人の力によって動かされているが如く、統制されコントロールされる必要があります。

一人ひとりがバラバラの考えと動きでは企業の経営目的が全うされるはずもありません。

一つの体の如く、会社が動くためのポイントは、三つです。

(1) 会社の方向づけとそのための方針がしっかりしていること。
(2) 部門毎の責任と分担する範囲が明確であること。
(3) トップと全体、全体の中における部門間のコミュニケーションができていること。

右の三つのポイントが三チャン経営を原点として、二人、五人、百人…で運営する場合のマネジメントの基本です。最低限、この三つが一人ひとり、仕事を分担する人に理解されていないと、経営の人的効率はダウンしますし、全社員の一体感は湧かず、モラールダウンをきたします。

創業者オーナーのトップは、「そんなこと解らんのか」の一言で片づけてしまい、社員を馬鹿にしたり、無能視することもありますが、他人に自分の考えを伝えることは、案外、メンドウで、エネルギーを費やすものなのです。

トップ自身が自分でやればすぐに出来ることも、他人にやってもらうと時間も手間もかかります。でもこの過程が組織を強くする上で人を育てるためには大変重要なところなのです。トップがイライラしなくても黙ってやってくれる人なら、とっくの昔にその人は自分で事業を起こしています。

4　組織とリーダー……組織の核心と目的

先に述べたように会社というものは、三チャン経営であるべきが原点であり基本です。

しかし、人が増え、拠点も出来て、扱品も多くなり、全体としての業容拡大をしてきますと、トップ一人ではなかなか、全社を把握し、コントロールすることができなくなってきます。

だから、自然の流れとして、トップ自らがやっていた仕事を一つひとつと他人に任せていくことが必要となります。いや応なく任せていかないと全体が動かなくなるし、又トップ自身がトップとして本来すべき広い視野と高い視点を必要とする明日のための仕事をすることが出来なくなってきます。

〈トップの仕事を人に任すことの怖さとリスク〉

そうなのです。本来トップがすべき仕事をまかしていくことがイコール、組織のあり方と運用の基本です。

もしも、会社が倒産という事態に至った時、売上が一千億、社員が一千人も越える規模ともなれば、トップ一人の財力だけでは、借金を弁済することは不可能です。しかし大多数の中小企業においては社長は会社がたちいかなくなった時、倒産事故に対する経営責任は、借入金の保証印を押しているトップが自らかぶらねばならないということです。この事実を前にして、安易に他人に仕事を〝任す〟という言葉は説得力をなくします。

「社長が仕事を任せてくれない」

「社長が何もかも口を出す」

という声はよく聞きますし、事実、そういうことも多いようです。これもよく考えてみれば当たり前のことです。株式会社は法律の上で一つの独立した人格を持つから法人といいます。その法人である会社の株式のすべてか、それに近い株式を社長がもっているのが中小企業の実態です。

ということは、会社のすべてが現実には社長のものであるということですから、金融機関から借入金をおこす時も、代表取締役の実印だけでは貸し出してくれません。法人である株式会社代表取締役としての実印と、それを保証する保証人として、同じ社長が個人としての実印を用いて立たなければならないのです。

それも自分の個人資産、たとえば自宅や個人持ちの動産・不動産を担保に入れて…という訳です。

名称は株式会社でも会社＝社長個人です。だからこそ、全資産をかけて企業経営にあたるトップの会社にかける意気込みには役員とは比較にならない重みと迫力があるのです。

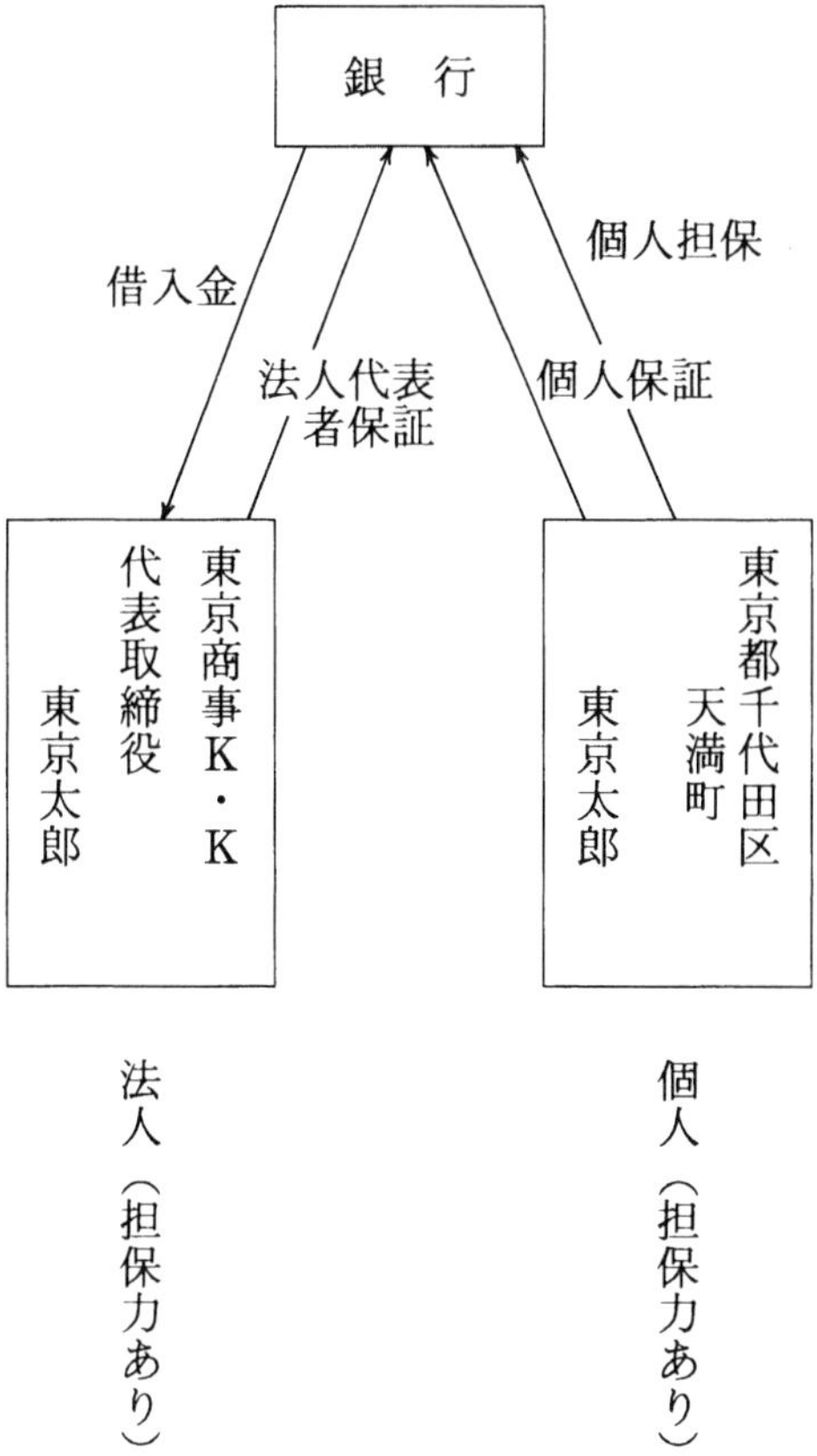

万が一、経営が破綻を来たしますと、借入金以外に買掛金残や手形発行済分の未決済残などのために個人資産も処分しなければなりません。自社の得意先に多少の売掛金があっても貸付金があっても、こちらの足許を見すかして支払うべきものを支払わない得意先

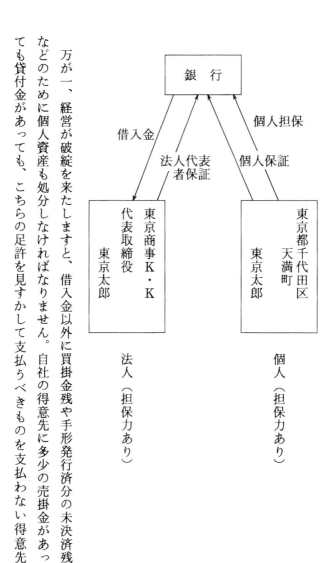

だってあります。

当然ですが借入先からの請求には、容赦はありません。それらに対処できなければ経営者としては再起出来ない程信用をなくしてしまいます。

一方、社員は、たとえ部長職にあろうと時には役員であろうと会社がダメになってもどこの会社へでも転職は自由です。それも辞めた会社のトップに経営上のすべての責任をなすりつけてでも…です。

こんなことを考えますと創業者やオーナートップに対して「会社の経営と会社の所有を分離せよ」という評論家的コンサルタントの言葉の説得力は空しいものです。

しかし、経営をしていく上で〈所有と経営の一致〉にこだわりすぎて、無能なトップのために会社そのものをダメにしてしまう例も少なくありません。この辺りの考え方の割り切り方、そして、会社を生かし、上手く立ちいかせていくために会社の体制やシステムの在り方、人材のヤル気のもたし方、育て方をどうやるかが大きな命題になります。

創業者やオーナートップが目先のことにこだわりすぎて、義理人情、親子の情におぼれて、その結果判断力は鈍り、公私のケジメもつけられずどうしようもない会社にしてしまって、最後は潰れてしまった例は、あまりにも多いのです。

《組織のあり方》

経営に失敗する時の直接の原因は売上不振、コゲつき債権発生、…といろいろありますが、根本的な問題は、方針のいい加減さとそのいい加減な方針の下で、組織そのものが斗い、成果を上げる体制になっていないことです。

年功だけで役員を決めたり、無能であるゆえに目も、心も社長にだけ向ける体質に慣れ親しみすぎている人材は現実に多いし、その人達を報賞的に登用しようとすることも決して少なくはありません。

組織は本来的、目的を明確にし、目標を達成するための斗う手段なのです。そのための仕事の分担と責任の所在を明確にしたものです。だから組織図を描いて、肩書きを与え、年功努力に応えるだけの甘いものであってはなりません。

本来、組織というものは、つくった瞬間から保守的で権力志向の扱いにくいものになるものです。

その原因は組織の目的や明確な目標がわかりやすい形で与えられてない場合が多いと言えます。そして、上げ得た成果の良し悪しに関係のない、各人にメリハリの無い評価システムがあることも多いものです。

斗うために何が必要か。

①斗うための目標がある。

②斗う相手が明確である。

③斗うための仕事の分担が明確にしてある。

④斗うための部門をサポートする援助システムがある。（ヒト・モノ・カネ・情報を必要な部門に必要なだけ補給できる仕組みとルール）

⑤斗う方法と順序のいく通りかを準備している。

⑥全体の意思統一と組織部門の日常的な意思疎通が上手く機能するシステムと運用がある。

これらを全体として統括し、コントロールすることが大切です。コントロールするためのポイントは、斗うターゲットや実行すべき項目の、すべてを〝シンプル・イズ・ベスト〟に徹することです。

アレやコレやと盛り沢山に考えて、書き上げてみてもいざ実践の段階ではすべてが複綜し、混乱し、結局、何も手つかずのままであることは多くの失敗事例が示すところです。

とにかく、単純に、単純に、すべての組織がすべきことを更に単純でわかりやすくしておくことです。そうすれば現場はやりやすいし、出来ない理由を聞く不愉快さを味わわなくても済みますから。

要するに、達成すべき目標があり、そのための仕事の分担と責任が明確であり、仕事中心の人の集まりでなければ斗う組織体制にはならないということです。

《大切なことは〝全体の統一〟と〝チームワーク〟》

会社全体がうまく動いていくためのポイントは、トップ以下全社員の考え方が、〝ビジネス〟をしているという部分で一致していることです。

トップの方からは黒い情報を流しているのに中間へいけば灰色になり、そして一般社員に至ると、そこはもう真白、といったことでは困るのです。

又、同様に、部門間のチームワークから派生する協力体制も不可欠です。メーカーの場合、よくある例は、営業部門と生産部門の反目です。生産する方は、「もっと営業は、つくりやすくて儲かる仕事をとってこい」、営業担当は「クレームのない良いものをつくってくれ。品質と納期さえしっかりしてくれれば、こんな気苦労しなくてもよいのに…」といった具合です。

――全体の統一（意思統一）――

これはあくまで経営上の意思統一でありトップの「思い」を全社員に至る迄一本化しておくべきだということです。

○方向・方針の一本化
○ポリシー（政策）の一本化
○実践方法の基本の一本化

ということがその要件となります。

この部分の意思が統一されていないと、部門間同志、メンバー同志のコミュニケーションを図るための基盤が無くなりますから、当然のこととして、次にあげるチームワークが出来るはずもないわけです。

社長の考えていることと、部門長の言っていることと、メンバーのやっていることが違う、という例は身近かにゴロゴロころがっています。

思いが違えば当然、やることも異なります。全体の力が一本化せず、〈集中力のない、爆発力のない、継続性のない会社〉になります。

海図と測定機器をなくした船長が船をあやつれば、船内で各々の分担に基づいて仕事をしている乗組員は、不安が先立ってしまいオチオチやるべき仕事に手もつかないということです。

実はこんな情況の会社が不況時には余計に目立ってくるのです。

好況時は、黙っていても収益は上がりますから、自動運転に近い形でも上手くいくものです。ところがそれをカン違いして、「努力した結果自分の力で得た成果である」と思いがちなのです。

大部分は、それが思い違いにすぎず、単なる環境に恵まれていただけのことです。

不況時や、会社が思うようにいかない時にこそ、明確なトップのポリシーがあり、その上で全体が一本化されるべき具体的な手を打つべきなのです。

――チーム・ワークが力――

企業経営の原点は三チャン経営です。三チャン経営とは、一人のトップがすべてをこなすように、トップと同様の考えの下、組織のメンバー同志や部門間で、いろいろな意思疎通のやり方を通じて、チーム・ワークをしっかりとること、そして高めることなのです。

組織を上手く動かし、全体の力を出すための最重要課題といえるのではないかと思います。

組織を上手く機能させていくためには一人の超優秀な現場における人材がいるとついつい、その人に依存しがちであり目もいってしまいます。

ところが優秀すぎてその人が自分自身を孤立に追いやってしまうケースがあります。

仕事をやらせれば一流だけれど、人の上に立つとメンバーを全部ダメにしてしまう人のことです。組織は、何人もの人が集まってつくられます。各人が異質の仕事を分担することにより、相乗効果を生み出すべきものです。

チームワークを乱す優秀な一人よりも、平均的、もしくはそれ以下の人であっても、力を出し合うことのできる組織の方が企業としては大切です。その中から組織を上手く運用し、リードしていくリーダーが生まれてくるものです。

チーム・ワークを高めるために

○組織のメンバー間で一体感を醸成、維持すること。

○仕事の意味、自分の部門の他との関連性を理解すること。

○自部門内、他部門とのコミュニケーションを常時、はかること。

といったことが必要です。

特に大切なことは、自分達の組織内におけるメンバー間同志の一体感をつくり上げ、それぞれどう維持するかでしょう。

一体感は、価値観、立場の違いを越えてつくられるべきものだから、そう簡単ではありません。

リーダーを先頭にした人間的な絆も大切ですが、例えば、システム上で、成果配分の仕組みによって、「業績が上がれば皆でよい思いをしよう。」ということも有効です。チームワークというものは、組織全体の達成すべき目標に対して、うまく順調にいっている間は、不平不満もかくされていますが、一旦下降線をたどると、一挙にくずれるものです。ここが、正念場で、リーダー自身が、すべての泥をかぶる気概があり、態度で示すことができれば第一関門は突破できます。

基本的には、メンバー自身が有形無形の利益を享受することが出来なければチームそのものも成り立たないものですから、チームワークをうまく機能させるためのリーダーの苦労は大変です。

なお、確認しておきますが、チームワークとはメンバー同志が傷をナメあうものではありません。本来、自分がすべきことをやらずに、「相手のことを思って遠慮をしておいた」というのは、本当に相手を思い、チームを思ってのことではないはずです。

本当のチームワークは、勿論、メンバー同志が助けあうことも必要です。しかし、あくまでも一人ひとりが最大の力を発揮し、各々のヤル気とヤル気が頭をこすりつけ合うように摩擦熱を出すことが必要なのです。頭をこすりつけ合ってこそ摩擦熱が生まれます。これを熱量（カロリー）といいます。この熱量のチームとしての総量が大きなパワーとなり、目標に向けてのエネルギーになります。

これをチームワークといいます。

本当のチームワークは、一人ひとりのメンバーの拮抗した力で生み出す熱量（カロリー）を全体のエネルギーにすること。

5　会社は何のためにある……

会社はなぜ今あるのか。又、会社は何を目的に活動するのか、ということは組織のメンバーにとって当たり前のようでありながら、いつも復誦をくり返すべきことです。

「そんなもの、儲けるためにあるのだ」と考えるだけなら、じゃ、「何のために儲けるの？」と反問された時は、どう答えるのでしょう。

「社長である私のために、そして私の蓄財の手段が会社なんだ」と言われてしまうと、社員である人達にとっては、こりゃ、もう話をする気もなくなりますし、自分の大切な時間とエネルギーを仕事に費やす気にはなれません。

一人ひとりの社員が、一人ひとりの価値観に基づきながらも、会社で仕事をすることに意義を感じ、人生における意味もしっかりと確認することが出来なければ社員が「喜んで、楽しく、充実感に溢れて仕事をする」ことなど、出来るはずもありません。

企業が企業として、うまくたちゆくためには、三チャン経営の時と同じようなトップの考え方では、多くの社員を引っ張ってはいけないのです。

「個人としての夢、それは自分で事業を起こし、自分の財産を増やしていくこと。」だけでは、他人の力を引き出していくための納得性はありません。

社員は自分が「トップからすれば単なる道具にすぎないのか。」としか思えなくなれば、その会社や、トップを必ずさめた目でながめ、そして見捨てるものです。

会社を見捨てるだけの能力、ヤル気のない人は、したたかにトップについている振りをしながら、ヒルのように、寄生虫のように、会社の甘い部分を本能的に探して、生き血を吸いつづけるはずです。

企業のトップの夢やロマン、これは言葉だけの甘いものではありません。しかし一旦存在してしまった会社の命を長らえるための皆の心の支えとなる夢でもあり、長く険しい道のりを歩くためや、斗うための旗印でなくてはなりません。

そして、トップ個人の思いを会社の組織を形づくる一人ひとりの社員にとっての夢や希望になるまで、高め、広げていかなければなりません。

だからこそ、会社の経営の原点をトップ共々、社員の一人ひとりに確認する必要があります。

会社と個人は本来対等の関係であるべきです。新入社員として入社する迄は個人の選択権が強い昨今の事情もありますが、一旦入社してしまえば、会社側の力が個人の力より、はるかに強力であることが現実です。

会社と個人の関係、これはどちらが強い、弱いということではなく双方が一体となって、企業の経営目的を全うすることが必要であり、そのために、双方は甘えのない緊張感のある〝対決関係〟になくてはなりません。

喧嘩をするということではなくて、会社と個人の何れもが、〝貸し・借り〟を作らなくてもよいシビアな関係をもつべきだということです。

そのことを前提に社長以下全社員が、意思統一すべき当たり前のことを述べます。

《経営目的三つのポイント》

(1) 利潤を上げることは会社の社会における存在価値の証明であり、生き残るための源資

利潤を上げることは企業が存在するために不可欠な条件です。

そんなことは当たり前のことだといいながら、世間では、利益を上げることをまるで悪のように思う人がありますがそれは間違っています。但し、銀行のように国の手厚い保護の下、他の業種よりはるかにハイレベルの高賃金を支払いながら、預金者保護の名の下に利益を上げることの出来る体質・体制の業界は別です。これら自由競争経済社会の原理原則に反する不公平、アンフェアな業界は論外です。

通常の自由競争経済下における厳しい市場環境や内外の経済情勢に翻弄されながら、何とか適応しようと努力し、価値ある商品やサービスを提供することで利益を上げることに必死であることを〝恥じる〟などとは、もっての他です。

〈利益＝お客様の満足の証明＝お客様の支持度＝市場への適応力の証明＝社会における存在価値の証明・証拠〉の関係式によって企業の社会的存在価値が何かは明らかです。

お客様の要望に応え切れなかったら、市場の変化に対応できない企業は潰れていきます。それでよいのです。

現状に甘んじ、新しいニーズに対応する努力を怠った企業が消えていき、その反面、新しい会社、新しい事業が次から次へと勃興してくる…。それでよいのではないでしょうか。

自然淘汰の厳しい洗礼を受けることにより新しい会社や事業によって更に物的豊かさが供給さることになるし、又、消費者の選択余地を広げることになれば…。

いいかげんで、その場限りのビジネスは長続きしません。お客様の要望に応えるために懸命の努力をする、その結果としての利潤は尊いものです。

〝濡れ手に粟〟のやり方、〝弱い人・無知な人を欺く〟商法…このような「社会正義に反する」ことのない限りは、どんなことをしてでも結果として利潤を上げることは大切な、又は重要な社会的使命です。

一方、利潤は企業が命を長らえていくための再投資の資金源です。例えば百の売上で十の利益が上がったとすると、十の内六は税金その他で社外に出ていきます。その他に役員ボーナス、配当金を出しますと、あと社内に残るのは僅か二ぐらいなものです。その二を資金にして、借入をおこし、再生産のための店舗や工場の設備投資に向けるのです。

又、返済金源資もここからしか出ません。

十の利益があってもあってもたった二しか投資や返済に向けられないのに、それでも利益を出さなければ人件費へのアップにも設備投資へも廻せませんし、借入金もおこせないのです。

(2) 企業の継続と発展

会社の命は三十年とよく言われます。この三十年というのは、本来、何の根拠もありません。しかし、オーナー社長が創業して、自分一代が頑張って会社を発展させることの出来る年数でもあろうし、波の高低がある景気、不景気を乗り越えていけば仲々三十年間も健康体でいられることが難しいということでもあろうと思われます。

親父の苦労を知っている二代目迄はよいが三代目になると「〝売家〟と唐様でかく三代目」の例え話のような例も少なくありません。昨今のように物的に表向き恵まれた豊かな時代ともなれば、二代目に引きつぐ時が一番危険なタイミングなのかも知れません。

三十年前は他人の借金の保証人になって〝家〟を潰す人も多かったのですが、今も昔も、甘い人には悪い奴に群がられる甘さがあります。

会社を潰す原因が何であれ、会社や事業を〝続ける〟ということはそう簡単でやさしくありません。

「創業は易く、継続は難しい」ことを実感します。

昔から言います。「仕事は牛のヨダレの如く、長く、ながーく、つづけること」です。真面目に事業を続け、その上で更に、発展させることが企業に与えられた経営テーマであり宿命です。

世界は国境なき経済社会のつながりによって成り立っており、企業も日本という海に囲まれた無風の温室から出ていかなければならなくなって、以来、久しい時間がすぎます。その中企業は「現状のままでよい」という守りの姿勢で生存は許されるはずがありません。

限られた農地の反当たり数量を上げることに腐心すればよいという農耕型発想だけでは生きていけないのです。

ビジネスの世界でも〝棲み分け〟の可能な分野はありますが、それも結局自然界の法則に照らせば、理解できるように、やはり優勝劣敗、弱肉強食の摂理が働きます。

又、社員の中には「ただ生活するためにさえ働けばよい」という考えをもつ人の多いことも否定しませんが、大多数の人にとっては、会社が拡大・成長することによって、自分自身の組織内における立場が上がり、より多くの部下・メンバーを得て、より多くの収入も併せてわがものにすることが夢であるのです。内なるエネルギー、社員のヤル気を企業内部に向ければ不平・不満しか出てきません。社員のもつ力を外に向けることにより、ヤル気が組織の活性化につながり、その結果として企業そのものが発展していくようにしなければなりません。

年商が一兆円も越えれば別ですが、五百億や一千億の企業なら、まだまだ規模の拡大や質の向上による会社の成長、発展をめざすべきです。

(3) 社員への働きがい提供

お客様に喜ばれるサービスや商品を提供することが結果として社会における存在価値の証明とするなら、目を企業内に向ける時、トップもしくは会社が一番先に心をくだかなければならないのが自社の社員にはどんな形で報うことができるかということです。

声高に「お客様、社会、お得意先、下請さん…」という前に、自社の社員が幸せでなければなりません。

社員の犠牲のもとに会社が成り立っているとするなら、たとえ「お客様の支持がある」といっても、そんなことが続くわけがありません。

一時は社内的に無理を通せば道理は引っ込むかも知れませんが、そのシッペ返しはいずれやってきますしこわいものです。

〝社会性〟を意識する第一は〝対社員〟に何を提供できるかにあります。

社員に対しては企業が生きがいまで提供することはできません。生きがいは一人ひとりの個人が、自分の生き方へのこだわりに基づいて、自らがつくるべきもの、探し当てるものです。

しかし、働きがいは企業が提供するものです。

それは、やれば報われる、やれば成長する…、といったように仕事をすることにより社員自身が励まされ、何かを自分のものにできるメリットがあるということです。

①〝物的な豊かさ〟の提供

今の世の中、お金がなければ暮らしてはいけません。「金で人の心も買える」とまでは言いませんが、物質的な豊かさによって、心のもち方に余裕をもつことができるのも事実です。

家庭だってそうです。お金がなければ子供の教育にも困ります。お金で愛情など買えるはずもありませんが、豊かな物質的保証が、心の豊かさにも通じることが多いことは、実生活の中で日々実感することです。

ビジネスという世界においては、仕事の対価が報酬であり、報酬によってビジネスマンとしてのプライドや自負心がもてますし、自分の仕事に対する評価として受け入れるべき現実なのです。

有形無形の〝価値〟と呼ばれるものは、経済社会においてはすべてが貨幣価値で、その尺度が表わされますから、本当の善意、それも生活をかけなくて社会に果たす責任や義務をボランティアによって実現すること以外は報酬を手にすることができることによって、初めて全うできること、それを物的な豊かさの実現であるとするのです。

② 〝心の豊かさ〟の提供

変に感傷的になるのではなく、心の豊かさとは働く社員の一人ひとりが仕事をすることによって、(1)自分のやりたいことを見つけることが出来れば最高です。又、(2)組織への責任を果たすことにより、自分自身の存在を確かめることやその手応えにを実感することができるのも心の豊かさを実現するための一つの方法です。

私達は何もお金だけのために働くわけではありません。お金だけのためならプライドさえを捨てれば何でも出来るかも知れません。しかし、金以上に、(3)自分の成長を実感できて明日へのための確かな手応えを自分のものにすることです。

仕事をしてから一年、二年…五年と過ぎた時間を振り返ってみると、自分自身の身についたことや、やってきたことの多さ、大きさに自信をもてる時があります。資格をとることも又、そうかも知れません。人の命・人権・財産等を守るために必要な資格以外は、大して重要とも思えません。が、とにかく自分が生きていくために公的資格取得を一つの励みにすることも自分の仕事との関連でとることができれば、自分の成長の証しとして味わうことができます。

ましてや、自らが企画、開発、生産、販売に関わったり、自分を指名してくれるお客様をもつことができれば、文句なしに仕事の楽しさと成長を実感できてきます。

《会社の心はトップの心、社員の心の糧》

――経営理念――

一時C・Iが流行しました。社名の文字をかえたり、包装紙をかえたり、果ては漢字をヨコ文字に、という具合にです。

中味が同じで外側だけを変えてみて、トップの意識が変わり社員のモラールも向上し、お客様へのイメージもどうして変えられるのかが不思議で仕方なかったのです。漢字がヨコ文字になれば何となく感覚的にナウい印象を受けるから、それなりに社員の気分もかわるのかもしれません。

しかし、企業の本質的なものは何もそれ位のことで変えられるわけがありません。

要するに企業はすべてがトップ次第です。

会社イコール社長、トップです。社員は社長の鏡です。完成した商品も、売場のあり方も、工場の様子も…何もかもがトップの考え方と在り方の反映です。受付嬢の対応の仕方だって、トップの考え方としつけのしかたを表しているもの。

又、社員の目の輝き、仕事の仕方、進め方、ケジメのつけ方までもがトップの心の反映です。

言葉をかえると経営理念こそトップ以下、全社員の心の糧であり、行動基準の基盤であるはずです。そのような〝魂〟をC・I専門会社に委託して高いお金を払うような道楽をする人の甘さを思うのです。情けないことです。

〝経営とは実践〟です。だから行動の伴わない、心のない理念など何の役にも立ちません。

しかし、組織のメンバーに共感を呼ぶ、高邁な理想を理念とし、使命感にまで昇華した精神的支柱があれば、それはモノやカネをはるかにしのぐ大きな経営資源として組織の力になるものです。

(1) トップの信念と哲学こそすべて

他社からの借りものも、異質な考えの人の書いた本から拝借して、美辞麗句を並べたてたもの、それは自分のものではありません。

体の中から、自らの体験から生まれた絞り出すようなウメキにも似たトップ自身の叫びこそ生命なのです。脈々と生命の動きを伝える心の葛藤から生まれたものでなければトップ自身が納得できないはずです。

自分の納得できない思いを文字にしたところで、社員の心に響くわけがありません。

理念もなく、ビジョンもなければ、社員にとっては一筋の光明さえも見えるはずはありません。これをネクラの会社といいます。ただ、下を向いて仕事をせよと言われても、人は明日を信ずることができてこそ、額に汗して頑張り、踏ん張れるのです。ネクラな会社には展望はありません。人は一見、絶望的な時でも依るべき心の糧があるから、這ってでも前へ進もうとするのです。

哲学とは「生き方」そのものです。生き方はトップ自身の今に至る歴史そのものから生まれてきます。たとえ、創業者が体験してきたような思いと体験がなくとも、トップに在るという事実だけで、日々の経営体験によってそれなりの哲学はあるものです。

実践現場から生まれ、育ってきている信念は、本物の尊いものです。

現在の自分以上のものでもなければ以下でもない哲学をもつことです。そのための自問自答から逃げるべきではありません。とことんつきつめていくべきです。

⑵　経営理念は企業文化の源

文化という言葉もよく流行しました。どういう意味でしょうか。若い人に納得して貰うには先ず頭で理解さすことから始まります。文化といっても何のことやら漠然としています。

文化は英語で言えばカルチャー。カルチャーはカルチベイトを語源とします。カルチベイトとは、〃耕す〃が日本語の意味です。農業はアグリカルチャーといいますが、アグリは、アグファ、即ち水を意味し、自然を意味しますから、自然を耕すのが農業だということでしょう。したがって、カルチベイトという〃耕す〃は、地に足をつけて、コツコツと一つひとつのことを大切にすることですから、まさに文化とは、日常生活を基盤においた歴史と伝統に根ざした生活そのものだと言えます。

何十年、時には何百年もかけて一つひとつの習慣の積み重ねがカルチャー（文化）に昇華します。

したがって、一朝一夕に〝文化〟が出来るわけではありませんし、ましてや、外部の人に文化の源をつくれることなどあり得ません。

どんな企業における文化も、それなりの歴史と伝統に根ざしています。

その歴史と伝統とは、つまるところ企業トップの生活体験、事業観に根ざした生き方そのものが原点なのです。

作物を耕すための土壌づくりはそう簡単にできるものではありません。今の土壌を変えるには、他から土を入れて、古いものを捨てる方法もありますが、本当の土づくりは、長い年月をかけて、多くの時間と労力を要するものです。

同じように、企業においても自社なりの〝社風〟といわれる土壌をつくり上げていくためのエネルギーは並たいていのことでは済みません。

企業文化、社風といわれるものは一見すると得体の知れないもの。しかし、その実、企業経営の根幹をなす大切なものです。それは日常の実践行動からつくられるし、全社員の実践行動からしか、社風のあかしは出来ないということです。

この企業文化が伝統となり会社の社風にまで、全社員に浸透しなれ親しんでいくための社長の考え方が、〝経営理念〟なのです。
具体的に、どういうものでなければならないのでしょうか。

(3) 経営理念の本質

経営理念とは一言でいうなら、「トップ以下全社員の心の糧」であり、それは又、「行動するための基準となる価値観」です。

〝全社員の心の拠りどころ〟であり迷った時の価値判断基準にもなります。

経営理念は、先に述べた経営目的を数量的目的としますと、理念的経営目的であるとも言えます。

数量的目的は〈売上、利益、継続と成長〉、理念的目的は〈会社の社会的存在価値、個人の働きがい〉であるわけです。

理念的目的、すなわち経営理念の根幹は、「わが社は何のために存在するのか」であり、「わが社は誰と誰のために存在するのか」です。

それは又、
○経営のやり方
○人々の行動のあり方
○企業としての規模、内容のあり方
まで含むものです。
〈経営理念＝組織としての価値観＝考え方と行動の枠〉の関係になります。

〝価値観〟は
○会社に在る人が、心の中で理念上の支えや糧を必要とする時、会社の価値観が心理的なエネルギーになり、時には生きがいに昇華することもある。
○組織人として行動する時や判断する時の指針となり、個人の信条や信念づくりの基本にもなる。
○組織メンバー間のコミュニケーションのベースを提供する。
「経営理念に照らし合わすなら、こんなやり方にすべきではないか」といった基準が出来るということになります。

例えば、よくあるように〈わが社の経営理念・誠心誠意〉〈真の心〉〈愛情〉…等々、トップの信条とするものであれば何でもよいのです。

このような経営理念（価値観）が社員に受け容れられ、互いに共有することができてこそ、〝ヤル気〟が生まれ、〝判断基準〟ができて、全社員のコミュニケーションとして活きてくるのだと思います。

そして、行動力が社風となり、企業文化を創っている伝統・習慣となる時にこそ、トップの理念は、本当に活きた形になって経営に反映してくるものなのです。

《社風が人を創り、会社の基盤をつくる》

くり返しますが会社の社風はトップの心の姿勢・行動の在り方そのものです。トップのありようが企業のありようです。

社長が目に余る公私混同をしている会社では必ず社員も公私のケジメをつけられていいま

せん。

ある会社では社長が自分の愛人を専務にしています。(専務が愛人なのか、愛人をそうしたのかは不明)。

見事に職場の至るところで、規律とケジメは乱れ切っています。社員の退社は相つぎ、若い女性は一年と続かない有り様です。

いくらトップが社員に声を大にして立て直しを図り、自分自身の在り方を律する努力をしても、一旦、会社に蔓延し切った雰囲気は直しようがありません。人が去り、活性化は出来ず、モラールは落ち果て、経営そのものは風前の灯なのです。

反対に、B社では社員が三千人になろうとする中堅企業に成長した今も、社長が口にするのは「基本を大切に、返事も挨拶もしっかり…」といったことで、自らの実践によってリードしています。この会社では、社員の親御さんから、「ウチの娘が会社に入ってからすっかり素直になってくれました」と感謝の気持をトップに伝えることも再三、再四のことです。このトップは来客のどなたに対しても百八十度のおじきをされますが、ニコニコ笑っている顔の目は決して笑ってはいません。

新入社員に入社を希望した理由、「どうして入りたいと思ったのか」と、聞いてみました。

「受付の方のテキパキした応対に心が動いた」「廊下で会う社員の方には、向こうから明るく挨拶された」「人事の方の対応の親切さに感動した」…等であり、決して、立派なビルや素敵な商品が最後の決定的要因ではないのです。二十歳過ぎの青年が見る目はその会社の社風である本質部分をかなりの精度で把握しているということになります。都市銀行の頭取クラスの人が来社されても一歩、応接室へ入るや否や、人間としての基本がキッチリ出来ていることに感激して「わが行もこれ位できれば…」というそうです。嫌味なく、自然に当たり前のことが出来ることは大変なことなのです。

当然のこととして、その結果、業績は他社との比較で抜群です。

(1) 社風づくりは、リーダーの在り方

経営トップが自らつくった経営理念を行動により自己を規制し、社員の範たるべしこと

は当然です。

そこで、社風をつくっていくためには、より経営現場に近く、部下・メンバーをリードする立場にいる人のあり方が、キーポイントなのです。

社風という、いわく言い難いものは、会社の歴史・伝統・習慣によって培われたものでありトップの行動により今も続いているものですが例えば次のような話も参考になります。

〈その1〉

食品材料メーカーのA社は、ルートに合わせて食材ごとに、高級飲食店、一般向け飲食店、ホテルレストラン…という具合に分類した商品づくりから始まりました。それが段々、拡大し「お客様のため」という大義名分の下、最後には個々のお店対応の商品づくりで、アイテムはとうとう、一万五千にもなったのです。

当然、効率が落ちます。そこで、お客様の要望を聞きながらも当方の主導で、世界中、到る処の香料をブレンドし、お客様への提案をしました。そして、一万を越えるアイテムを三千迄に絞りこみました。聞くだけではなく、こちらからの提案により結果としてこちらのペースに入っていただいたのですが、あく迄「お客様の要望を聞き、提案することがイコール自社研究開発部門だ」という考えです。お客様との人間関係ができているからこそ、効率を上げ単価も下げられて、その上自社しかつくれない付加価値品にできたわけです。「聞く耳をもつ」「当方の主導で開発提案する」という姿勢は日頃の社長以下、一人ひとりの社員の心構えなのです。最前線の現場を宝にしています。

〈その2〉

化成品メーカーで年商百二十億。年間の労働時間は十年以上も前から年間千七百時間を切り、初任給は世間標準の少なくとも三十％は多い。(たとえば平成5年3月の大卒初任給28万円)。経営そのものに対しても労働組合の影響が強く、それも経営についての会話をすることの出来ない関係の上にたっての組合主導に基づく経営です。仕事は時間が来れば途中で切り上げて明日へまわすのが常態です。

リーダー自身が、リスクをかけて思い切った言動・行動により引っ張れるムードではなく、会社自体がリーダーを二階へ上げてハシゴを外すような弱いところがあり、それをよいことに誰も動こうとしません。だからヤル気のある人は、高賃金、少労働時間にも拘らず、辞めていきます。残っているのは、中・高年令層と全くの新人ばかり。サラリーに差をつけることなどもっての他ですし、建て前の男女同一賃金にまどわされて、やってもやらなくても一緒です。女子社員のご主人が他社におりますが、ご主人の転勤を断り、奥さんである女子社員に合わせて勤めをかえた人も一人に止まりません。時間を売ることはあっても一番大切な〝仕事を売る感覚〟はありません。「よくこれで会社はもっているな」と思います。ダメと思うことに立ち向えないリーダーが現場を腐らしています。

〈その3〉

和歌山の会社です。商品のクレームを聞いて、課長自身が開発担当の長としての責任を痛感。朝四時半の始発電車に乗り、六時発新幹線で東京へ行き十時前には、お客様の前で代替品を前に謝罪の言葉です。

この会社は、二百人の規模ですが、企画・営業・生産というワク組みを組織としてはつくりながらも、何か事ある時は、その内容によって、最適人材、それも中堅リーダーが自らが対応することにしています。理由は、すぐに自社対応できる体制を組むためと、いい加減なお客様への対応をしないようにという気遣いからです。それを又、新しい商品づくりに活かすためなのです。

形だけの消費者相談室をつくり、メーカーや問屋への窓口、それも押しつけがましくも心のこもらないやり方をしている大多数の会社とは、発想が根本的に異なります。この会社の課長クラスはフツーウの会社の社長の仕事をしています。時と場合によっては、トップへの報告が事後になることも珍しくないぐらいの機動力と決定権があります。

〈その4〉

バルブは造船業界や上下水道事業がお得意様です。

ある地方では、バルブを地場産業として育成してきましたが、すでに三分の二の会社は消え去りました。消えた会社の殆どは、品質と納期管理がデタラメでした。

バルブは、二つの面をくっつけて、二つをつなぐのが長いボルトとナットなのです。A面とB面が合わないとボルトが曲がる位に叩いてでも合わします。曲げてでも入れますから、AB両面の接点肉厚五としますと時には一になります。石油や水の圧力を考えると設計図無視の品質ですが、それでも好況時は受注できていました。案の定、不況になるか、景気が落着いてくると、受注はピターッと止まりました。少なくとも「機械加工業界では、バルブ屋さんの職人は要らぬ」と一時、言われたものです。メーカーが品質への潔癖感をなくしたら自らの命を断つことになります。

これなど、仕事のやり方のワク組みさえ価値観や会社の在り方を決めてしまう一例です。

次の事例は、ダメなリーダーの基本姿勢（心構え）です。

①リーダーが「これでいいんだ。上がそういっているのだから文句はない。」と責任とリスクのヘッジをすること。

②リーダーが自社品への潔癖感をなくすこと。

③自分達の仕事に対するプライドをもたないこと。

④会社や上司に対して〝提案し、斗う気概〟をもたないこと。

⑤部下・メンバーに自らの信ずることを伝えようとする勇気のないこと。

トップがどうであれ、現場第一線が会社にとってはすべての生命線なのです。営業や生産はもちろんのこと。そこに至る企画・研究開発…のすべては各々の現場にこそ宝がつまっているのです。

現場を無視した経営などあり得ません。

その一番、重要な位置づけにあるリーダーの在り方、考え方は会社にとっての知恵袋であり、最前線の人にとっては自分のモデルにするべき人達でもあるのです。

上司やトップの指示を待っていてはダメです。どしどし攻撃的に仕かけてこそトップの願う「会社をよくする＝人が育ち、組織に活力あふれ、結果として業績も上がる」に直結するのです。

(2) 反復連打が社風をつくる

どこの会社もそれなりの社風がありますが、A社はあくまでA社であり、B社でもC社でもありません。

ところが「わが社もA社のようでありたい」と願うばかりに、A社の表面的な真似をするところも少なくありません。

社風は結果としてトップや社員の動作や行動になって表われるものですから、他社の真似をしたってそれは続きません。続くためには、

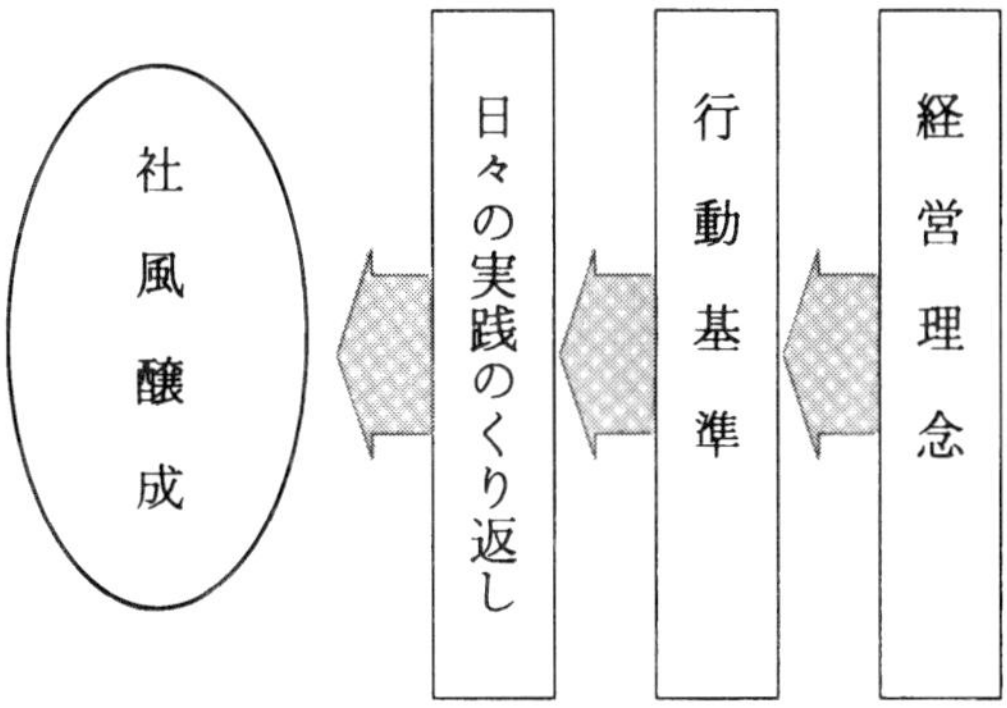

の形が具体的であることです。

ポイントは〃毎日毎日の反復連打〃こそ社風を根づかすために一番大切であるというこ

とです。

反復連打とは、日々実践のくり返しのことであり、社風というからには日常性のあることでなくてはなりません。更にいうならば、日常の仕事の中で習慣化し、体質化していく必要があります。

業績が抜きん出て良いD社は経営理念が見事に具現され、社風としてあるべきものが根づいています。

たとえば

経営理念 ＝ **"愛"**

"愛"の本質 ＝ 信頼

"信頼"の表現 ＝ 当たり前のことをやる

"当たり前のこと" ＝ 仕事をやる時の心構えをしっかりし、基本を徹底すること。

"仕事の心構え" ＝ 誠心・誠意・誠実

行動基準は

〝基本を大切にすること〟

＝挨拶に始まる人間関係の基本を
徹底すること。

↓

人としての成長・業績の向上

この会社では、人間関係から商品づくり、店舗づくり、のすべてにおいて、「誰から見ても当然のこと」を大切にして、やるべきことをやり切ることに徹底しています。何も突飛なことをしているわけではありません。賽の河原の石づみかも知れませんが、誰でも年をとるに従って、ついつい基本の何たるかを忘れるものですが、そのことを大切にしようというのです。

会社はいつでも潰れるものです。しかし、会社がそれなりの認知をされるまでになれば、そう簡単に倒れるものではありません。「あの会社が潰れた」と聞く時、必ずそこには、常識では考えられないセオリーなり常識的なことを無視したやり方をやっているものです。

〈人に対する〝反復連打〟のポイント〉

①トップが信ずるに足りる堅固な思いのあること。
②リーダーにトップの思いの、せめて七十〜八十%位が理解されていること（現実には二分の一かもしれないが）
③口やかましく、トップやリーダーがいうこと、やることに常識としての納得性のあること。
④人間関係の基本、生活の基本であること。（仕事だけが遊離したものではダメ）
⑤トップが信ずる宗教団体の手は借りないこと（これが、又、案外多い）

⑥徹底するために反復連打で言われつづけた結果、本人が「言ってもらってよかった」と思えること。

〈組織にとって〝反復連打〟のポイント〉

①経営計画と実績のチェックがしっかり出来ていること。
②計画と具体策の進捗管理・指導がしっかり出来ていること。
③特に、新年度スタートの一、二ケ月目のチェック体制が、日々単位で出来ていること。
④公平かつ公正で〝格差をつけることが平等〟の思想に基づく人事評価・報酬システムがあること。
⑤少なくとも、厳しさを表に出す前提として、年功型報酬システムもあるレベル迄は存在していること。（社員への安心と保証も最低レベルにおいては必要）

このように〝人〟に対する対応の仕方を基盤として〝組織〟としての対応をリズム化す

ることが必要です。リズムとは反復連打であり、メリハリをつけることです。それが経営というものであり、呼吸をするが如き日常性のくり返しと、淀んだ水をかきまぜる非日常性のくり返しです。

○昼休みにオフィスの電気を消すのは当たり前

○挨拶し、時間を守り、日報を出しチェックしあい、クレームがあったら飛んでいく、電話はすぐにとる、身だしなみ、名札をつける、のも当たり前

○ウィークデイにゴルフをやらないのは当たり前

○……

とにかく、当たり前のことをやり切る難しさを実感した上で、「やり切ろう」と日々営々とやりつづけることが大切です。細かいことに気がつかず、当たり前のことをやり通せない人や会社に何が出来るというのでしょう。

(3) 金太郎飴の上に個性・創造力を生かす

金太郎飴というとワンパターンの画一的な考え方と行動のあり方という風にとる人が多いかも知れません。

ちょっと待っていただきたい。〝組織〟を動かすために一番大切なことはトップ以下全社員の気持を一つにすること、すなわち、意思統一にあります。意思統一の部分こそ金太郎飴の核心なのです。

基本を無視して個性と創造性ばかりを前面に出せば、そこには全体的な統一はなく、人と人の異なった個性を醸し出す妙なるハーモニーは表現されることもないでしょう。

ビジネス戦争は熾烈です。時には生きるか死ぬかの斗いです。一人ひとりが統一のない考えと行動を起こせば全体の力が分散します。

金太郎飴の部分が大切であることをどうしても理解出来ない人、しようとしない人は、組織では生きていけません。自分一人の世界で、どれだけのことが出来るか、たかが知れています。家庭生活だってやっていけません。

専門職である広告代理店のクリエーターと呼ばれる人も、アパレルメーカーのデザイナーも、人間関係の基本を大切にした上での他人との関わりがあってこそ、自分なりの仕事が出来るのです。

個性も感性も、創造性も、大切ですが企業人であり、組織人であり、又、独立自営であっても人との関わりでビジネスをする限り、全体の中の個であるべきが大前提です。その上で、個を生かす全体としての会社でなければなりません。

この〝金太郎飴〟部分が経営理念を基盤にした行動基準であり、全社員をつなぐ核心に

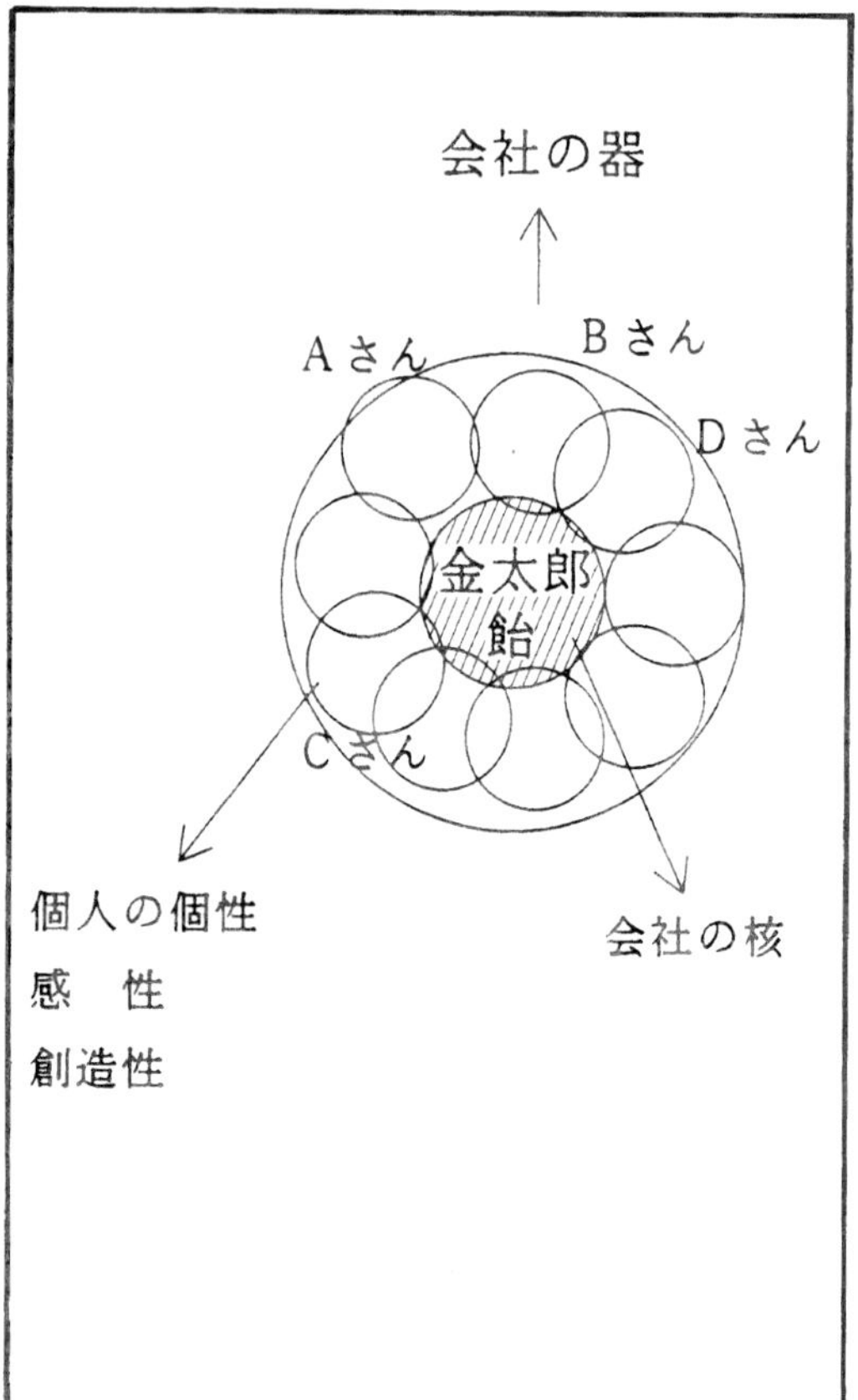

なります。

金太郎飴の核心に沿いながら、個人であるA、B、C…さんの一人ひとりの個性の輪が広がり、それをつなぐ大きな輪が企業としての度量であり、器の大きさを示すことになります。

ですから、一見すると個人が自由闊達に、思い通り、やりたい放題に動いているように見えても、その実、しっかりと押さえるべきを押さえているバランスが、その会社をよい会社にしているのです。

〝抑圧のための規律〟は息がつまります。全体の目的と個人の目標・目的の合致点をつなぐものがあってこそ、会社と個人のよい関係がつくれていくものです。これも又、よい社風を醸成するための一つのポイントです。

(4) 〝人〟への評価が、よい社風をつくり人を育てる

社員六十名の中小企業で、〝出来る経理人材〟が辞めました。

「ヤル気持ちがあってやりたい人と、いつまで経っても能力がつかない人と同じ給与水準では、やっていけない」との事でした。いてほしい人が辞めて、辞めてもらってよい人が居つづける。この不公平な平等主義では、人を育てることが出来ません。会社として、事なかれの処遇対応をしていては、ヤル気人材は育ちません。

第三者の評価を受けることと、その結果が、処遇に反映されることは、励みであり、成長のための踏み台にもなるのです。

人は皆、生まれる前から競争の中で生命となり、生まれ、育っていきます。どのような人であっても、そのタイプ、資質がどうであれ、生かされるように評価を受け、その人に合った仕事をする権利や責任があります。これは人の社会に対する義務であり、企業の責任でもあるはずです。〝人〟を評価することは難しい。難しいからこそ、多岐に亘るシステムの中で人を生かすことを考えなければなりません。

あくまで会社と本人のコミュニケーションを前提として

①基本的な評価システムがあり

②システムにのったルールがあり

③公平・公正な評価をし
④評価に基づく報酬があり
⑤その結果が本人の成長に反映される

この一連の流れの中に、シビアであっても心の交流ができるシステムとその運用が大切です。

あくまで「仕事をする〝人〟を評価の中心に置き」、その裏で「仕事をする人は〝心〟をもった人間」であることをしっかりと見すえておくことです。

6　リーダーの在り方が組織を動かす
……リーダーシップの核心

組織全体を視野に入れればトップであり、部門をみれば、部長、課長…、主任といった管理職、監督職の人もリーダーです。一人でも自分の部下・メンバーがおればそれは組織であり、それをリードするのがリーダーです。

リーダーシップ論は語り尽くされ、言い尽くされています。難しい理屈は止めましょう。自分の「リーダーとしての立場と役割を理解し」、「リーダーとしての仕事は何か」さえ明確になれば、自ずから何をすべきかがわかります。どんな人のどんな理屈も、リーダーシップに関して言うならば、その人独自の経験に根拠をおいたハウツウにすぎません。又、それでよいのです。

一人ひとりのリーダーが自分のやり方を自分で会得し、体験することにより、リーダー自身が学び成長するのですから。そのための当たり前の原理原則を確認します。

《リーダーの仕事》

リーダーの仕事は明確です。

①組織全体の業績の向上
②部下・メンバーの育成

この二つです。

言うまでもなく企業にとって業績を上げることは、会社の現在と将来の存在が許されるか否かが、かかっているのですから、理屈抜きに、第一の重要ポイントです。

自由主義経済社会は競争社会です。競争とは、顧客、市場の争奪戦です。争奪戦に勝つか負けるかは、「価値ある商品・サービスを他社よりどれだけ提供しつづけられるか」にあります。

「価値ある…」という意味は、価格そのものの高い、安いではありません。

自社、自部門の対象とする顧客、市場を相手に、全社としてはもちろんのこと、一つひとつの部門が存在を許されるためには理屈抜きの業績の向上しかないのです。

私達が企業の興亡を見る時、その2、3年前から起きているその企業内の事業部や部門の設立、廃止、消滅が倒産の前兆として必ずあります。

会社そのものは生き永らえているのに、消えた部門は少なくありません。消えた部門の部長と部下・メンバー達が会社から「いらない！」とされる話にも事欠きません。

中にはトップの気まぐれだけで部門をつくったところも少なくありません。名目は「多角化」であり「展開」であり、「将来のため」であり「戦略」であったはずですが、「上手くいかない」という結果が出てしまえば会社にとっては、設立の経緯などおかまいなしです。そういうものです。

○人間性がよい　○人がしたっている
○清潔である　○豊かな人間性がある
○率先行動する　○公平、公正である

……であるからリーダーとしてすぐれているとは決して言えません。

これらは、部門を運営するための要素ではあっても本質的なものではありません。

とにかく、理屈抜きです。部門をまかされれば、その部門の、業績が向上していることが一番重要なのです。どんなに好人物だと言われても、業績の上げられない人は組織にとっては悪い人です。他人からどういわれようと、業績を上げる人はビジネスマンとしては優秀な人なのです。

第二の項目である部下・メンバーの指導育成についてはどうでしょう。

よく言います。「人を残すが上の上、カネを残すは下の類い」と。確かにカネを残すことも大切です。世間の有り様を見ていますとカネがなまじっかあるために、いらぬことに手を出して失敗したり、身をもち崩したりする人も少なくありません。しかし、誰だって生きんがために懸命に仕事をします。物質的、経済的に裏づけのない人がいくらお説教がましく「人の価値の本質は金でない、金をもって死ねるわけでもなし」と言っても、その言葉は、所詮〝曳かれ者のザレうた〟にしか思われません。だから、お金も大切です。しかし、お金は物です。物には形があります。形は必ず消える運命です。

〝ヒト〟とは少し意味が違います。

優れたトップであるからこそナンバー2が育たず、社長引退後、急速に企業としての活力が失せていった例は少なくありません。

経営の三要素は〈ヒト・モノ・カネ〉ですが、モノもカネもヒトがしっかりしてさえおればつくれるものです。ヒトが人材として存在していない会社は、その瞬間、いくらカネがあっても資産があっても、信用があっても、そんなものはまたたく間に消えてしまいます。

まさしく〝企業は人なり〟です。頼りなげであってもやはりヒトこそ企業そのもの、経営力そのものです。

「私が居ないと会社がまわらない」「俺が引っ張らないとこの部門は立ちいかない」と自負心を持つのは結構なこと。でも、そんなことは自慢にも何にもなりません。反って、自らの無能をさらけ出しているにすぎません。

課長にしても部長にしても「自分の身を守る」ということは部下を育てることなのです。上の職位をめざす時、自分を押し上げてくれるのは部下です。

目も心も上しか向いていないような上司は部下がその人の本質を見抜いています。自分の上司をごまかすことは出来ても、部下・メンバーの目だけはごまかせません。

一度はごまかせた上司も、必ず部・課長の部下やメンバーの有りようを見て、部課長を評価するものです。

トコロテン式に自分の部下・メンバーから押し上げ出された時にこそ、リーダーとしての新しい世界をわがものにし、リーダーとしての成長を実感できるのです。

「教えることは学ぶこと。育てることは育つこと」とは部下の成長につれて、リーダー自身も成長するということ。

現状の中で権威をカサに着て威張ってみても自分がみじめなだけ。

エネルギーを外へ向けることです。リーダーに前向きの攻撃的な考え方があってこそ、部下の心も外に向けて成長を促すことができるものです。

この二つの仕事がリーダーの責任です。二つの仕事に集約されるリーダーの在り方、何がその本質であるかを考えてみます。

《リーダーシップとその核心》

リーダーとして、組織を引っぱり統率していく時、何が一番大切なものか、を確認します。

一昔前、そう十年前には私自身、〝状況対応論〟なる言葉をよくつかっていました。リーダーが組織を統率する時、その時々の環境や状態、相手とこちらの心理状態から、どうリーダーは対応すべきかということです。

例えば

①とにかく攻めに攻め抜く時は、リーダー自らが血刀を頭上にかざして「俺につづけ」とばかりに、前へ前へ進む＝ワンマン独裁型リーダーシップ

②市場が安定してくると、メンバーの意見を聞くことに時間を割く＝民主型リーダーシップ

③市況悪化で撤退もしくは組織の再編を促す時＝情報収集分析型の衆知独裁型リーダー

シップ

というように三パターンに分けます。リーダーは、その時々により、発揮すべきリーダーシップのパターンを使い分けよということですが、考えて見れば、ポッカリと一番大切な部分が欠落しているのです。何がどんな状況であっても不可欠な本質であり、核心かということです。

理屈ではどうにでも言えますが、リーダーシップを発揮して組織メンバーを引っ張っていくには、より大切な核心部分をしっかり確認しておかなくてはならないのです。

> リーダーシップとは「組織の目的を達成するために、自分の部下・メンバーの心の合意と納得を得て、最大の組織力を発揮させる力」のこと

そのために何が核心か、ということが、リーダー自身に理解・納得されなければなりません。

それは、

リーダーシップの核心＝信頼

です。

どんな状況であろうと〝信頼〟の二文字がなければ、部下・メンバーはリーダーに身を委ねることはありません。

〝信頼〟こそ、リーダーの生命です。

〝信頼〟こそ、リーダーの宝物です。

〝信頼〟こそ、リーダー自身の身を守る武器です。

〝信頼〟関係を〝絆〟としてつくり上げ、強くするための要素は何でしょうか。

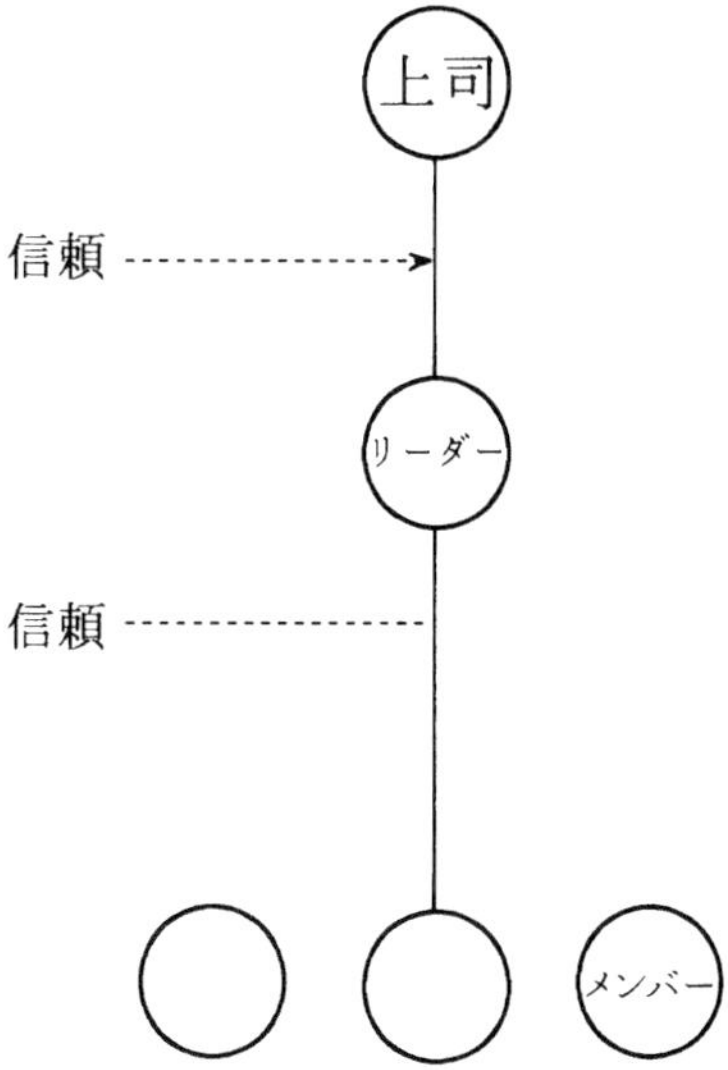

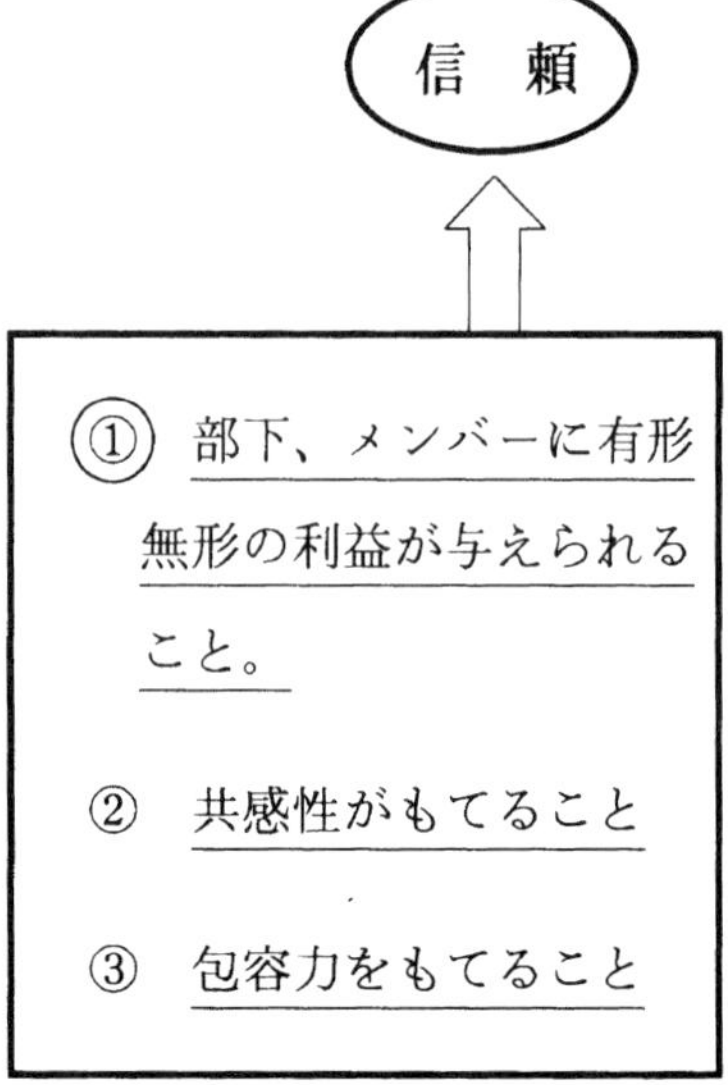
信　頼
① 部下、メンバーに有形無形の利益が与えられること。
② 共感性がもてること
③ 包容力をもてること

特に大切なことは〝①部下・メンバーに有形・無形の利益を与えられること〟です。「この人についていればこそ、ボーナスも他の人より多く手に入る」「厳しいけれど、よく指導して貰える」「難しいテーマを出されて苦しいが、今は本当にありがたいことだと思っている」…と部下・メンバーに思って貰えることは、リーダー冥利につきます。

人の上に立つ者が心得るべきは〝上司は部下を選べても、部下は上司を選べない〟という事実です。その中で人の上に立つということは、自分の部下を物心両面において、幸せにする責任はあっても、不幸に追いやる権利はないということに尽きます。

部下・メンバーを自分だけのためにアゴで使うなんてとんでもないことです。リーダーには、自分自身のためであると同時に、部下・メンバーのために…という使命感にも似た潔い思い入れがなくてはなりません。

業績が上がらずに、サラリーも、成長実感もなくて部下・メンバーが会社を去っていったとしても誰が悪いのでもありません。「あれだけ、めんどうを見てきたのに…」といくら恨んでみても、彼等には彼等の生活も考えもあります。ある意味では、リーダーの部下・メンバーへの思い入れは、報われるものの少ないものかも知れません。

縁あって共に仕事をする限りは、一つでも二つでも、分かちあえるものを持つことです。この気持ちがリーダー自身にあれば、必ずビジネス成果に結びつき、部下・メンバーとの一体感はつくられます。

②共感性と③包容力の二つは、基本的にリーダー自身が部下・メンバーがやっている仕事と同じ経験や似たことをやっていなければ生まれてはこないものです。〝共感性〟〝包容

力〟は、リーダーとしての度量や器として問われるものです。

人を育てることは〝ガマン〟又〝ガマン〟です。言うべきは明確に、しかしガマンすべきはジーッと耐えることが人を育てることに通じます。

共感性、包容力はありすぎても困ります。相手の苦しさを理解しすぎて冷静な判断をなくし、リーダーの仕事を忘れてしまい、部下・メンバーと低い次元で傷をナメあうことになってしまうのです。

リーダーの腹の中はしっかりと〈業績・部下育成〉の二つがおさまっていなければなりません。

その上で共に汗し、成果を上げたことの喜びを分かちあい共に感激に涙することが出来ればリーダーとしては最高の喜びです。

《リーダーシップを発揮するための条件》

リーダーシップの核心である〝信頼〟を部下・メンバーや上司から得るためには、基本姿勢（心構え）と基本動作（具体的な行動）の2つが修・体得されていなければなりません。

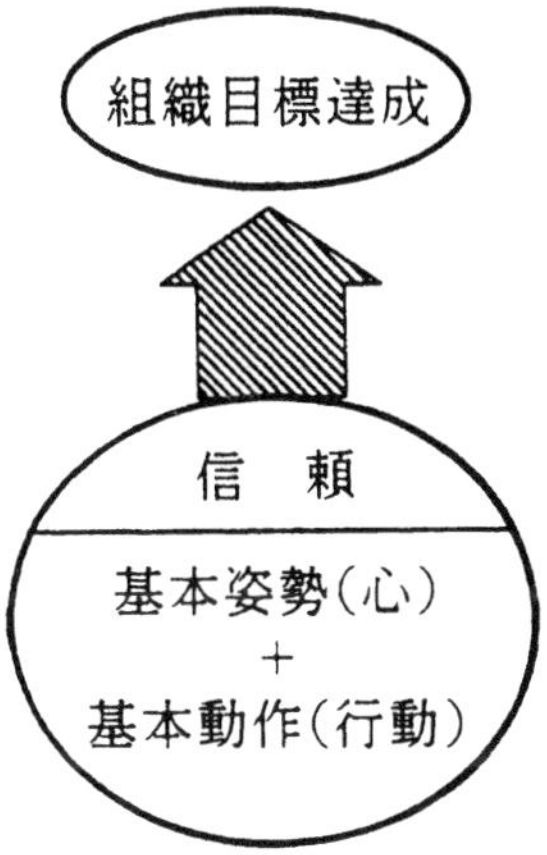

〝信頼〟と一口に言っても、では具体的に何を価値判断の基準に置き、どう行動すればよいのかを明らかにしておきます。

第1条件＝基本姿勢の確立

＝「職場は一将の影、〝影〟がリーダーの基本姿勢＝リーダーの基本姿勢でメンバーは変身していく。」

(1) 業績中心主義の徹底

自分が組織の中でやりたいこと、部下・メンバーにやらせてあげたいこと、いい目をさせてあげたいこと、そのすべては業績が伴ってこそ実現できるものです。そうでなければ部門も会社も消えるのです。だから業績を上げることはメンバー共通の組織目標でなくてはなりません。

共通の目標として認識してこそ、チームの規律は保たれ、又チームを継続するために一番重要な一体感を醸成することにもつながります。ビジネスである限り、一も二もなく先ず業績を何よりも最優先して考えることです。

部門における多少のトラブルや感情のもつれも成果の前には霧散霧消するもので

す。だから業績を上げることには妥協のない姿勢を貫かなければなりません。そのためには一瞬の躊躇も、油断もあってはなりません。

細心にして大胆、物事の判断に迷った時は「組織目標完遂のために何をすべきか」が第一の判断基準になります。それを〝業績中心主義〟と言います。この基軸だけはしっかりしておきましょう。

〈業績こそすべて、目標達成に妥協のない姿勢〉

(2) 人間性そのものを大切に考える

人はロボットではありません。感情があり、誰もがナイーブな心根をもっています。人を人として扱わないことは、神をも恐れぬ考え方です。表現をかえると会社は〝動物園〟でなければなりません。トラ、ライオン、象、キリン、ヒツジ、猿、うさき、鶏、いろんな動物がいてこその動物園です。会社も然りで、トップの思い通りのコピー人間ばかりが集まっていてはダメです。タイプの異なる人が集まってこそいろんなことが出来るのですから、自分の間尺に合うこと、合わすことばかりにこだわってはなりません。

今、あの人にこの仕事が向いていなくても、あの仕事をやって貰えれば目が輝くこともあるのです。

ビジネスにおいては業績中心の考え方が徹底されなければなりませんが、部門内のチームワークは、直接的に目立たない仕事をこなしてくれる人によって、裏から支えられていることも多いものです。その人達の存在を忘れては、和は保てません。和のないチームは砂漠です。

ビジネスの厳しさに基軸をおくことが大前提ですが成果が思い通りに上がらない人を裏でしっかりフォローをしてあげて欲しいのです。義理も人情も大切に思ってほしいのです。

上司の一言で救われます。あたたかい態度とフォロー・指導によって、あの人もこの人も又、歩を前に進めようという勇気や希望を湧かしてくれるものです。

仕事にいくら厳しくても互いが〝人〟と〝人〟として人間性を大切にするような接

し方さえしておれば恨み心は残りません。

〈人間性にたえず配慮する姿勢〉

(3) 率先垂範で行動を起こす

この項目ほど「職場は一将の影である」ことを痛感するところはありません。カネにダラシないトップの下では必ず接待費のつかい方は乱れています。平日に上司がゴルフをしておれば、そのことが仕事か、遊びかは、メンバーもよく知っています。

又、ビジネスにおいては、リーダーが何を思い、考えているかは、リーダーの日頃の行動の一つひとつによって証明されるものです。

メンバーがひるむ時に、リーダーも一緒になって頭をかかえていてはダメです。メンバーに対しては「兵卒に先じて、範を垂れる」率先垂範の行動力が組織の力を引き出します。

リーダー自身も蛮勇を奮い起こし、自らの士気を鼓舞し、行動することで自信がつくものです。

特に大切なことはリーダー自身が敢えて〝リスクをおかす〟ことです。こわがっていては何も手に入りません。未知に対する不安は誰もがあります。だから面白いのです。やりがいがあるのです。

〈自ら進んで行動をおこし、メンバーをリードしていく姿勢〉

(4) 協調するために納得しあう。

協調は組織の本質である〈統一と協働〉と同じ意味あいです。協調はチームワークにも通じます。大きな仕事は一人では出来ません。交響楽団が、バイオリン、ビオラ、チェロといった弦楽器やトランペット、トロンボーン、オーボエの管楽器、そして太鼓、シンバルの打楽器と、多くの異なる音を出す楽器のハーモニーから、妙なる音を奏でます。

全体の調和をとりながら、おのおのが最高の力を発揮するように指揮者は心をくだきます。

協調することは、低いレベルに標準をあわすことではありません。チームワークを高めるには一人ひとりのメンバー共通の目標が明確であり、それは又、シンプルであるべきです。

その目標や、やり方についてはメンバー全員が理解納得していなければなりません。頭でわかることを理解と言い、心でわかることを納得であると考えていますが、あくまで〝納得〟ではなくてはならないのです。

もちろんリーダー自身が、会社の方針、政策について納得できない時は、徹底的に納得いくまで上司と話合わなければなりません。リーダー自身が、理解、納得せずに自分の部下、メンバーに対して「会社の方針だから」とか「部長がそう言うから」といっていては話になりません。

〈方針、考え方、進め方を部下がわかるまで説得する姿勢〉

(5) 一貫性と継続力をもつ

経営トップの場合、「朝礼暮改は経営の常だ。時には朝礼朝改もあって当然。」などとよく言います。

確かに経営環境は時々刻々と変化をしていますから、四六時中、仕事のことを考えている社長からすればその通りでしょう。

しかし、現実は、日々の業務の中で決めたことが直ぐ変わるようでは会社は必ず混乱します。又、混乱するほどのエネルギーが全社的にない時には、それが度重なりますと、初めからまず動きません。「気まぐれの指示だから、その内、又変わるよ。セミナーから帰ると必ず新しい指示が飛んでくるが、又次のどこかの会合で違う話を聞いてくるから、暫く様子を見ておこう」というものです。同様に、リーダーの対、部下・メンバーとの関係もそうです。

決める時には悩みます。悩んで選択し、判断するのがリーダーの仕事ですから、この過程をしっかり押え、トップや上司のアドバイスさえしっかり聞いておくことが、やりやすくするためのポイントです。

一旦決めれば、余程のことのない限りは、やり方をシンプルにし、とことんやり続けるべきです。やり抜かなければなりません。

私達の経験側からいって〈一貫性と継続性〉があれば決めたことの十中、八、九は必ず上手くいきます。

〈何が大切かを追求しつづける姿勢〉

第2条件＝基本動作の実践

＝「集団に必要な規律と秩序を維持し、心と動きのリズムが基本動作＝基本動作は〝人〟としての幹部の規範」。

(1)　部下に対する基本動作のあり方

①ビジネスの基本態度を崩さない。

先ずは、部下の前で会社や上司のグチや悪口を言わないことです。悪口を言っているとリーダー自身の値打が落ちます。その場で部下はうなずいていても、心では軽蔑しています。

又、異性の部下に対して、慣れ慣れしい態度は嫌われます。親しみこめたつもりの「○○チャン」という呼び方も大迷惑です。「あんたは私の何なのよ」というところでしょう。

目的のためには言うべきはハッキリ言うこと。言うべきことを言えないのは自分が出来ていないか、嫌われたくないという低次元の遠慮があるからです。リーダーである自分の仕事や立場を理解できていないのです。

「仕事をしているんだ」「仕事は結局、私自身と部下、メンバーのためなんだ」という当り前の価値判断基準と、リーダーであるという意識があやふやだから、部下との関係において、メリハリがつけることができないのです。

組織は斗うための手段だから、自分の部門の部下から人間として信頼されず、まとめることができなければ、リーダー自身はおろかその部門全体の存在すら危うくなります。

②大きな声でハッキリと話す

ヤル気のある人は声も大きいし、明確に物事を言うものです。

下を向いてボソボソ話をされると聞いている方まで陰気になってきます。一度やってみればわかります。大きな声を腹から出すと、まるで体毒が抜けるような爽快感を味わうことができるものです。

会議をしていても、大体は、声の大きさと押しの強さで物事が決まっていきます。いくらよい考えをもっていても聞き手の信頼を得るためにはハッキリと自己主張が出来なくてはなりません。言っていることの良し悪しは勿論、大切ですが「〝元気〟がある」ということには、理屈を越えた説得力があるものです。

又、朝の挨拶にも元気がなければなりません。大きな声で、リーダー自身が自分から「おはよう！」とやってみましょう。挨拶は別にリーダーが部下から受けるものではなく、気がついた方から先に元気よくやるものです。次から必ず相手もやってくれます。

(2) お客様に対する基本動作のあり方

①心をこめて挨拶し、笑顔で接する

ビジネスマンにとって、お客様は命です。命としてのお客様がなくては自分の存在価値はありません。自分のビジネスマンとしての日常のすべては、お客様あってこそです。

商品やサービスをお金を使って買っていただく、ということは大変なことです。どこにでも探せばある商品です。その中でどうして私達のものを買っていただけるので

しょうか。

私達の会社も、私達の生活も、すべてがお客様あってこそのものです。

リーダー自らが心こめて「ありがとうございます」と挨拶をし、ニッコリ笑って接しましょう。

店舗でなくとも、オフィスにあっても同じです。「全員が起立してお迎えし、お見送りをしてほしい」とまでは言いませんが、それぐらいの気持ちと態度であるべきです。

②言葉と態度は崩さない

慣れ親しんでくるとお客様のことを、〝固定ファン〟と呼ぶことがあります。お客様の固定ファンなど本来的にあり得ません。固定ファンであると思い違い、思い上った瞬間にお客様の心は離れるものです。

よくある例ですが、新規のお客様を大切にするあまり、従来からの長いおつきあいのお客様からの信用を無くすことがあります。又、よく存じ上げているからこそ、お客様に対する甘えが態度のナレナレしすぎることであったり、クレームの放置であったりするのです。今のお客様を大切にしないで、いくら新規のお客様をとる努力をしても何にもなりません。

お客様によっては、ベタベタした関係を好む方もありますが、お客様とのケジメをつけるべき基本ラインだけは、しっかりと保つことです。〝君子の交わりは水のごとし〟がお客様と長くお付き合いするコツです。お客様から「他人行儀な…」と言われてもお客様の心の中は嬉しいものです。

(3) 上司に対する基本動作

①一たん決定すればやり切る

部門内で物ごとを決める過程では、多いに話し合いをすべきです。

組織の上下関係を無視してでも、討議討論を徹底するべきです。

会議やミーティングの場では、一言も発することなく、陰でこそこそ文句を言うなど情けない話です。ドシドシガンガン大いにやりあうべきです。

その結果何をどうやるかを決めるのは、トップであり、上司ですから、一たん決定した後の決定事項については、徹底して実践に最善をつくすべきです。リーダー自身が、自ら先頭に立ってやり抜くべきです。

〝決定〟に際しては、自分の意見は明確に述べておくことによって、もしも一たん決まったことが上手くいかない時は、次の手である次善策には必ず自分の意見を参考にして上司も用意してくれているものです。

②但し、イエスマンにはなるな

仕事をする過程で出てくる疑問点は、その都度納得するまで聞かなければなりません。

自分が納得していないと、リーダー自身が自部門の部下、メンバーに対して理解させ、納得さすことは出来ません。

リーダーが自分の考えをもてず、上司に対して〝米つきバッタ〟のようだと部下はやり切れません。

リーダーは、部下のために、上司との間に立つ楯であるべきです。時には双手を広げて、仁王立ちをして、部下を守り、部下が思い通りの動きをできるための存在でなくてはなりません。

又パイプ役としてのリーダーの仕事もあります。上司の言うことをそのまま下へ流すのではなく、パイプの中間のバルブ役として、部下のレベルに合わせた流し方を考えなければなりません。

(4) 商品に対する基本動作

①商品はお金、大切に大切に扱え

硬貨だと目の色をかえて拾うくせに、商品というモノになるとまるで大切に扱わないのです。

商品こそ、私達全社員の糧、まさしくメシのタネです。〈生産―販売―倉庫―企画・開発・研究―経理―…〉と、組織におけるすべての機能が一つになって初めて〃商品〟になって市場に出ていきます。

一体、何人の人の手を渡り何人の人と関わってここに来るのでしょうか。

商品こそ私達の汗と涙の結晶なのです。宝物なのです。商品こそわが社の経営理念の下での全社員の心の糧を初めて、形として具体的にモノにしたものです。だから〟商品は命〟なのです。まるでハレものにさわるぐらいの気持ちで扱ってもそれに過ぎることはありません。

大切に、大切に…。

②在庫は腐りもの

「現金はなくても在庫があるから、わが社は大丈夫」と言う人がおられます。同じ商品でも在庫には〟活きもの〟と〟死にもの〟があります。

〟死にもの〟の在庫は、会社にとって、負担にこそなれ何のプラスにもなりません。商品は陳腐化するし、倉庫料はかさみますし、まさに金食い在庫です。〟先入れ先出〟の基本に基き、商品が在庫のまま陳腐化しないように早目早目の在庫読みの確認によって時々刻々のキメの細かい対策を打たなければなりません。リーダー自身がそのための旗振り役として実践のリードをすることです。他人まかせではダメです。眠っている商品はお金を食っています。経営を蝕み、腐らせます。

(5) 環境に対する基本動作

①整理、整頓、清掃、清潔、躾はビジネスのスタート

品質管理の基本は整理・整頓・清掃の3Sが基本です。品質管理を徹底するためにはパレート図よりも、要因分析よりも、もっともっと簡単に身近な課題を探せる筈です。

工場安全管理も全く同様。車輌の事故防止の第一歩は仕業点検にありますが、先ず車をピカピカにしておくことから始まります。リーダー自身が環境に対する潔癖感がないと、部下、メンバーもいい加減になります。その結果、品質レベルは必ず落ちてきます。

整理とは「要、不要のモノを分け、不要のモノを捨てること」。整頓とは「必要なモノを使いやすいように置いて、他の人にもわかるようにきれいになおすこと」。清掃とは「清く掃くこと、清潔であるようにきれいになおすこと」です。

環境に対する心配りは、会社がつくるサービス・商品の品質づくりそのものなのです。信用のベースになります。一円のお金も使うことなく創造できる人づくり、モノづくりが環境づくりから生まれます。

②職場の効率と気持ちのよさの演出

仕事をする環境は、明るく、動きやすいことが基本です。

乱雑な職場は不効率な仕事に通じ、士気にも少なからず影響を与えます。よい人材も集まりません。

仕事をする人の一人ひとりがプライドを持って働き、活き活きとリズム感に溢れる職場が、仕事の効率化促進に通じるものです。

D社の神戸支社の支社長は、三年連続赤字の支社たて直しに際し、先ず、オフィスのリニュアル、整理整頓を徹底し、僅か三ケ月で赤字から脱出しました。人の心、気持ちがどれだけ環境に影響されるかの好例です。

(6) コミュニケーションに関する基本動作

①上司に対しては、報・連・相 を徹底せよ

上司が安心して、仕事をまかすか否かは、報告、連絡、相談が出来ているかどうかに、よります。「任す」ということは、「必ず報告してくれ」という意味なのです。まかした方は、本来自分が自分の責任においてすべきことを他人に任す分だけ、自分が他人のやったことのリスクをかぶるということです。

だから報告や連絡、相談がないと「あの件はどうなったのか」と心配で心配で仕方のないものです。

日・週・月、或いは、その都度という具合に適宜、報告を必ずすることが、組織上の〃信頼関係〃をしっかり確立するための大きなポイントになります。

部下に対しても、同じことを要求しなければなりません。出来ない部下に対しては

徹底して、報・連・相の指導をしてこそ、委せる部分が出来てくるものです。報・連・相のやり方は先ず「結論」からです。

②部下に対する指示、命令はわかりやすく5W2Hでやる

部下に対する指示や命令は、出来るだけ具体的に、かつシンプルでなければなりません。

ナゼ	Why
ナニ	What
ダレ	Who
ドコ	Where
イツ	When
ドノヨウニ	How to
ドノクライ	How many

といった5W2Hもありますが、どんなことでも、相手にかんで含めて理解出来る

までしっかり教えることです。

「わかりました」と言っても本当はとりあえずそう言ったにすぎないことも多いものです。

会議やミーティングにおいて、確認をして決定をしても非公式な会合や、立話の機会を意図してつくり、指示事項の確認をしなければなりません。

特に、部下に対しては、結果が出る前の過程を大切にして下さい。

> リーダーの基本動作でメンバーは変わる。基本姿勢は、基本動作の具体的実践により初めて相手に伝わる。

7　リーダーとしての現状を見つめる
〝反省・脱皮・躍進〟のステップ

(1)　現状の見方、その基本

私達は、企業の経営診断をする時、先ず第一にやること、それは、現状の会社を分析することから始めます。

分析の手法にはいろいろあります。

例えば、

- トップ、幹部、社員の一人ひとりから聞き取り調査をする。
- 現有の会社資料からの点検、見取り調査をする。
- 診断会社の得意先、下請会社、他取引先からの聴取調査をする。
- 生産現場営業現場の実地実見をする。

その他、考えられるあらゆる角度からの調査で、的をしぼっての分析を進め、問題点と課題を浮きぼりにしていくわけです。もちろん、裏づけをしっかりとっておくことは、よりよい診断結果につながりますから、絶対に手抜きはできません。

実は、私共の実施する〝精鋭リーダーへの道〟というリーダー研修も同じ手順を踏みます。

但し、大きな違いがあります。それは、経営診断は、私共が専門家として、第三者的にクールな立場から行うのに対して、リーダー研修では、研修に参加している本人自身にやって頂きます。

私共はこの仕事を業としてコンサルタントとしてはおりますが、「他人様を教育する」といった思い上がった気持ちは慎むのを旨としています。

年かさの大した違いもないのに「先生」と呼ばれて、舞い上がっているようではダメです。ある特定の分野については専門家ですし自負心もプライドも人一倍強烈なのは確かなことです。しかし、「先生」とおだてられて我を見失うほど浅薄でもありません。だからこそ、〝仕事をする〟といった実質面にこそ誇りを持つべきであり、関係会社の寄生虫になることを極度に自戒するのです。

したがって、"リーダー研修という仕事の中でも言葉づかいや態度は受講生の方達との関係において信頼しあえる言動に徹します。

その上で、

○リーダーへの〝道〟は、自らが切り拓くもの

○リーダーとしての自分をどう捉え、自らをどう律し、成長していこうとするかはリーダーであるあなた自身の問題

○しかし、確認しておきたいこと、それはリーダーであるあなたの下に何人もの部下、メンバーがいるという事実が今、あるということ

○リーダーは部下、メンバーを選べても、部下、メンバーは、リーダーであるあなたを選べないという事実を理解するべきであること

○その部下・メンバーを少くとも、仕事の中で成長させ、物心両面の豊かさを共に分かつという責任があるということ

当り前のことなのですが、このようなポイントを明確にリーダーにお伝えするのです。

その上で、

○何よりもリーダーである自分自身を大切に思い
○次に部下・メンバーを思い、組織を考え
○その上で自分は「今、どうで、今何をすべきか」をハッキリする

ということを、リーダー自身に考えて貰うのです。

したがって、その第一ステップが、リーダー自身によるリーダー自身の〝現状分析〟なのです。

ステップは

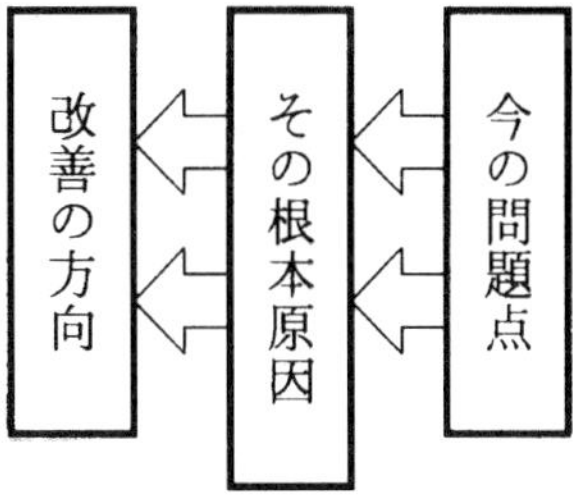

というシンプルなものです。自分のことだからよくわかっているつもりがあくまで「つもり」にすぎません。

仲々、シビアに自分を分析することは出来ません。これには、かなりの勇気を必要とします。

簡単に〝勇気〟とはいいますが、当然のこととして何年、何十年もの間にしみついた長年のアカどりには相当のエネルギーを費すものです。

海亀が新しい生命の誕生に際して、タマゴを産み落とす度にポロポロと涙をこぼす。まさに新しい自分をつくり出すための苦しさは自分との斗いです。

●「自分の過去にプライドを持つこと」

と

●「自分の過去にこだわること」

とは本質的に違います。

私達は誰一人として、自分のすぎ去りし過去を否定されては生きていはけません。たとえ上手くいかなかったこと、意に沿わないことがあったとしても、それはそれで、肥料になっているものです。そのプライドに土足で踏みこむようなことはすべきではありません。

しかし、自分自身のことについて、自らが自らの在り方をもう一度原点から洗いざらい見直すことが必要です。自分一人でそのことが無理なら、時には他人の力や環境の力を借りてでもするべきです。

それも50才、55才になってからではなく、45才位までには「自分のことは自分で考える」時間をもつべきです。これはやり直しがきくという意味も含めています。

私の知る人は大手都市銀行に在って37才で融資先の倒産に伴い出向。そこで会社更生法による更生期間終了後、銀行へ戻り45才で再び業務不振会社に出向しました。

そこでも約六年間で建て直しの基盤をつくり、そして、55才で銀行を辞め、起業家として再出発。

今、社員数三十五名の中小企業の社長とし、ネクタイ姿とはオサラバして三年間の内に経常利益六千万円の会社にしました。

優秀な人材も数多い組織の中で挫折感も味わい、時には劣等感にもさえなまれた時があったに違いありません。

その中で、自分を見失なわず、評論家にならず、被害者意識を持つことなく、日頃の仕事の中で、55才から、ビジネスライフの第二ステージを自らつくるエネルギーを蓄えてつづけていたのです。

大阪市近郊に在る会社、工場を拝見しました。

社長室は事務所の隅に低いカーテンで仕切られています。工場の中は、決して美しいとは言えず、むしろ雑然とした中に組立ラインが一本あります。ラインではパートタイマーの主婦が約三十人、黙々と部品を組み立てています。ラインの周囲には部品をラインの近くに運ぶ男性社員がいて、ラインの最後には完成品をチェックする係がいて…次から次へと仕上っていく商品が揃い、運び出されていきます。

モノをつくる喜びがこの社長の顔にあふれていました。起業家として青年の表情です。

(2) 現状の認識のポイント

現状認識のポイントはあくまで

Ⅰ　目標の確認と設定
↓
Ⅱ　目標達成のための問題と課題
↓
Ⅲ　問題点の根本原因

という過程が重要です

特に

Ⅰ　**目標の確認と設定の項が基本**になります。

なぜかと言いますと、自分自身が腹の中に（頭の中ではない）しっかりと確立したものでなくてもよいから、たとえおぼろげであっても「何かをしたい。」「こんなことをしてみたい。」「今のままでは不完全燃焼だ！」という〝思い〟が絶対になければならないからで

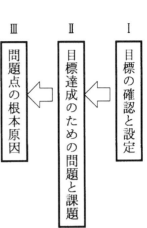

す。

〝何か〟を持っている人はその〝何か〟をするため、考えるために必要なことを日頃から常に問題意識として持っているものです。

この〝何か〟を持てるか否かがその人の先を一〇〇％決めてしまうといっても過言ではありません。

思っていないことは実現するはずはありません。宝くじだって買わなければ当る可能性はありませんし、〝棚からボタモチ〟でも、棚の下でジーッと口を開けていなければ万々一の落下によってさえ口に入れることは出来ません。

先に述べた、銀行出身の55才起業家は、この〝何か〟があったのです。でなければ、定年を前に、ビジネスに再び新しい情熱を燃え上らすことなど出来ないはずです。

〝夢〟〝思い〟があるか否か、それがすべてです。

そして二つ目があります。それは、たとえ一人といえどもリーダー自身に部下といえる人がいる場合のことです。

リーダーがリーダーとして部下、メンバーの上に立つ時は、どれだけ彼や、彼女達に

〝利益〟を与えることができるかということです。

利益を与えるか否か、与えることができるか否かは、時には我身を捨ててでも果たすべき責任です。

この責任を本当に感じることの出来るリーダーは、感じているという事実だけで十分にリーダーに値する立派な人です。

少なくとも、部下、メンバーが一人立ち出来るための準備をして、あるレベルまでに育成が出来るまではリーダーの責任です。

この二つのポイントを押え、自分自身と自分の部下やメンバーの利益代表者として、ビジネス上の改善や提案を体を張ってすることが出来ることで、リーダー自身の成長と部下からの信頼がわがものになるのです。

この事実は上司やトップに対して強烈なプレッシャーとして昇華し、組織のエネルギーになるものです。

次に

Ⅱ　目標達成のための問題点と課題について です

Ⅰの項目があってこそ、このⅡにある問題点と課題が明確になります。問題を問題として捉えられるか否かは〝資質・能力・人間性〟といったことがテーマとして出て来るし、行動面においては〝実践〟の場面においてどれだけ自分のことを真正面から考え、ぶつかっているか否かで決まってくるものです。

A　資質・能力・人間性

①トップから仕事に関する権限、責任を与えられていることの理解。
②自分の意見、提案、そして企画する能力とそれらの意思があること。
③リーダーとしての高潔なプライドをもっている。
④〝誠〟をベースにおいた品性と人に対する愛情がある。
⑤仕事が好きであること。
⑥いわゆる〝常識〟がある。
⑦明るく、ユーモアがあり、かつ健康であること。
⑧夢がある。

B　実践

①報告、連絡、相談の励行によってトップや上司、又は部下、メンバーとの信頼関係がしっかり出来ている。

②自分の志は常に上に置き、心は部下・メンバーに向けるという心がまえと行動をしている。

③何か事がある時に、リーダー自らがリスクをおかし、敢えて率先垂範する行動力。

④現場を何よりも重視して各論に強いという実績を根底に置いた実践力ベースの自信。

以上の（A）（B）の各項目を前提としてリーダーである自分の現状分析をすれば、問題点が一つや二つでは足らないことを自覚、実感するはずです。

Ⅲ　問題点の根本原因を探る

Ⅰ、Ⅱはそれなりに自分自身の力で分析できるものですがこのⅢはそう簡単にはいきません。

Iの〝目標設定〟がリーダー自身の腹にストーンと入りこんでいること（たとえそのこと自体が漠然としていても構わない）、Ⅱの〝問題点〟が明確であること。

これらI、Ⅱ、はⅢの〝根本原因〟を探るための大前提です。

その上で考えて、考えて、考え抜くのです。頭をかきむしりながらも逃げずに考えるのです。

ポイントは「何故か、なぜか、ナゼカ…」と深く深く掘り下げていくところにあります。

当然ながら根本原因は〝知識がない〟〝経験不足〟〝能力がない〟…といったようなハウツウ的なものであってはならず、又いいかげんな口先だけのものであってもなりません。

今迄述べてきた〈企業とは、経営とは、組織とは、リーダーとは、リーダーシップとは…〉といったことを踏まえ、〈リーダーシップの核心、リーダーシップを発揮するための条件〉を参考にしながら、あくまで自分の会社や自部門の現状を充分に理解し、把握した上で、自分自身のことをリーダーとして認識しなければならないのです。

結局のところリーダーとしての在り方や、一人のビジネスマンとしての生き方そのものにまでつっこんでいかなければならなくなります。

これはある意味で、今までの自分のあり方を否定することもあり、本当に辛いことですが命の洗濯のように、モミクシャのシワだらけにして、汚れとアカを落とすことが目的となります。とても気持ちの良い自分なりの根本原因が探し当てられるものです。モメばモムほど、叩けば叩くほどホコリも汚れもとれるというものです。

日常生活の中で心を真白にすることは無理です。たとえ半ば強制的であっても多少の時間と費用を要したとしても、じっくりと考える場をつくることが必要です。

そして、時には他人の手も借りることが必要でしょう。何の利害関係もない者同志の関係と環境であれば、他人のアドバイスも素直に聞けるものですし、又、アドバイスする方も他人のことを考えることによって、自分自身の勉強になるものです。

(3) 改善の方向を考える

このポイントは〝実践できること〟に絞り切ることです。

〝実践〟に直結するためには、

①やるべきことを単純化する。
②〝出来ること〟しか挙げない。
③〝出来ること〟は基本動作に的を当てる。
④必ず期限をつける。
⑤文章や文字にする。

に留意します。

更に大切なことは、自分自身が「やろう」と決めたことの実行のために自分の上司の助言や協力をお願いし、後楯にすべく、自らが働きかけることです。

組織における上司の位置づけは、リーダーである自分を管理することではありません。上司は、自分が仕事をやりやすいような環境づくりと条件整備をする人なのです。

上司にとってかわいい部下、大事にしたい部下、頼りがいのある部下とは少くとも、心にもない世辞をいい、媚びへつらうような人ではありません。そんなことに価値観をもつような会社の風土なり、上司なら、自分をかけるだけの値打はありません。要するに〝仕事の出来る人〟〝業績を上げるために貢献してくれる人〟にこそ価値を見出してくれるものなのです。

〝精鋭リーダーへの道〟しるべ

二泊三日の旅

1. 2泊3日・〝精鋭リーダーへの道〟スケジュール
2. ルポルタージュ
3. 特別寄稿・企業内実施レポート
4. 〝精鋭リーダーへの道〟フォローのポイント
5. 参加者の心の記録〝軌跡記録〟抜すい(例)
6. 〈三訓三戒〉……日常生活の心の糧として

1　2泊3日・〝精鋭リーダーへの道〟スケジュール

第1日　●リーダーとしての現状認識　●リーダーとしての使命感確立

〝自分が変われば他人も変わる〟

自分の現状を見つめ直し、使命感に目覚める！

① 部下が悪い、上司が悪い、環境が悪い…といった責任転嫁の姿勢で問題は解決できない。

リーダーとして、自分自身の問題を徹底して考え抜き、自己の生き方・仕事観を自分自身に問いかける。

② 部下や後輩を幸せにする責任はあっても不幸にする権利はない。部下を通じて成果をあげるリーダーとしての使命を認識する。

第2日　●基本動作体得　●信念強化スピーチ

格好をつけずに、自分の課題に真正面から取り組む。

そして信念を強化する！

①心は形に表れる。規律とケジメのつけ方を「型」として修体得せよ。

腹の底から声を出し、整理・整頓・清潔と時間厳守で仕事のリズムを作る。

②なぜ、リーダーシップが発揮できないのか？さらに業績をあげるには何がネックになっているのか？その原因を掘り下げ、改善の方向を明らかにする。研修メンバー・講師のアドバイスを参考にし、自己変革の信念を強化する。

第3日　●業務遂行・実行計画の作成　●個人面談

〝実践なくして成果なし〟

キメ細かな計画を立て一つ一つを着実に実践する基盤をつくる！

① リーダーシップを強化し、成果をあげるための業務遂行計画を具体的に立案する。

② 実践力強化のポイントを講師からアドバイスを受け、業務遂行、実行計画をより確実なものにする。

当研修のスケジュール

第3日目	第2日目	第1日目	
朝礼・体操	朝礼・体操	オリエンテーション・開講式	午
実行計画書作成「リーダーシップを発揮し、業績をあげるための実行計画」	ＹＧテスト	自己紹介	
	基本動作訓練	「リーダーシップの定義・本質」	前
（昼　食）	（昼　食）	（昼　食）	
軌跡記録・個人指導	信念強化スピーチ	基本動作訓練	
		講義「リーダーシップを発揮するための条件」	午
レポート執筆と決意表明		グループ討議「リーダーとしての現状認識」	
終講式	（夕　食）	（夕　食）	後
	信念強化スピーチ（つづき）	グループ討議発表	
	軌跡記録	軌跡記録	
	終礼	終礼	

2 ルポルタージュ

——幹部の使命感確立と実践行動力強化で企業を活性化する——

㈱エデュース 提橋 稔

京都から湖西線に乗り換え、大津京駅で下車し、タクシーを20分走らせると各社集合研修の会場である比叡山延暦寺につく。静まりかえった比叡山では鐘の音が響き渡るだけであとは物音一つしない。聞こえるのは会場に向う研修生の足音だけである。

人は誰でも、20年、30年、40年と自分の生きてきた後を振りかえってみると、あまりにも自分の行きざまのみすぼらしさ、不甲斐なさに気づくものである。また、幹部、中堅幹部として自分を振りかえるとき、あまりにもリーダーとしての使命感のなさにも気づくのである。しかしまたこの反省がなかなかできないのも現実である。

この研修では、幹部、中堅幹部が自分自身の問題をみつめ、今後どのように生き抜き、また企業の核人材となるためにどう自分を変革していくのか徹底して考えていく。つまり自分の意識と行動に革命を起こすべく自らに研修を課していくのである。

研修会第1日目。午前10時。全員が緊張した中でオリエンテーションが始まる。あいさつのあと、講師が大きな声で点呼をとる。「○○さん」…「ハイ」……声が小さければ何度でもやり直しである。こんな中からもケジメの重要性を知っていく。自己紹介が終わり、講義に入る。講義といっても一方的なものではなく、全員で考えていく。「リーダーシップとは一体何だろうか。…ではなぜ部下が思うように動いてくれないのだろうか。……それでは、リーダーとしてどのように仕事に取り組み、行動していったらいいのだろうか。」と講師は問いかけていく。そして最後にリーダーシップを発揮する条件を整理していく。この講義が終わると20名のメンバーは3つのグループに分かれ、「リーダーとしての現状の問題点」といったテーマでグループ討議に入る。しかし、ここで出てくる意見は、「景気が悪い、会社が悪い、上司が悪い。」……とグチと不満が大半である。それを見かねて講師は「ちょっと待って下さい！いくらそんな事ばかり言っても問題は解決されません。自分自身の問題をもっと真剣に考えて下さい。」とアドバイスし、問題の掘り下げをうながしていく。

午後11時。第1日目の閉講が宣言された。そして宿題が出される。今度は自己の現状分析である。これはグループ討議を参考にしながら自分個人の問題に斬り込んでいくものである。夜食を済ませた研修生は宿題に取りかかる。頭をかきむしり、考えて考え抜くのだが、遅々として分析が進まない。時計だけが1時を回り、2時を過ぎる。消燈時間は2時である。しかしこの時間を過ぎても何人かの人は別室で作業を続けていた。

そして2日目。午前中は基本動作訓練をみっちりと行う。キオツケの姿勢、おじぎの型といった基本をマスターし、ハート・キャッチ・トレーニングという挨拶の訓練を行う。これがなかなか思うようにできない。つまり相手の心をとらえるまで動作、表情、態度、言葉を表わさねばならないからだ。たったこれだけのことなのに研修生も講師も必死になり、額に汗がにじんでくる。

午後からは前夜まとめた自己の現状分析をベースに、自分の信念を強化するための信念強化スピーチ。テーマは「リーダーとしての私の課題と改善の方向」である。これはスピーチのテクニックを問題にするのではなく、内容と基本動作に重点が置かれる。一人一人のスピーチに対し聞いている研修生と講師から手厳しいアドバイスが飛ぶ。研修生と講師の真剣勝負の連続となる。中には自分の不甲斐なさにくやし涙の人も出てくる。スピーチが終わると、アドバイスを受けた研修生は、さらに自分を深く掘りさげ、また改善の方法を練り直し次のスピーチに挑戦していく。これを何度もやり直すことで、一皮一皮自分の殻を破っていくのだ。

時計はすでに午前0時。スピーチが始まって、11時間も経過している。しかしまだ5名の研修生は、不合格である。リーダーとしての自分自身の問題を、そして何よりもその根本原因を、深く掘り下げられていないからである。そこには決して自己の変革はあり得ない。閉講後、不合格であった5人の仲間に残りのメンバーが分散して共に考えていく。講師も中に入り、三者一体となって協力していく。研修生はアドバイスを受け、苦闘しながら自分をみつめる。

第3日目、朝もやの中に杉木立が現われてきた。午前6時半。朝礼の声が澄み渡った比叡山にこだまする。なんとも気持ちよい一日のスタートである。朝礼が済むと、お堂を散策し、ほっとした一時を過ごす。しかし、それもつかの間、5名の研修生は、前夜のスピーチにチャレンジである。一人が「ハイ」と言って、前に飛び出した。きのうとはうって変わった大きな声で発表が始まった。問題点の整理もできている。発表が終了し、講師から「はい結構です。」という声を聞いた瞬間、昨夜一緒に考え抜いた研修生から拍手の渦が巻き起こった。研修生の目には光るものがみえる。……そして自分の殻を脱皮した全員の研修生は、自分の進むべき方向に向かって綿密な計画を立て講師との個人面談に入っていく。そして決意発表となるのである。

ともあれこうして三日間の研修の幕が閉じられるのであるが、研修生全員が、リーダーとしての自分なりの使命感を確立し、行動実践力を体得していくのである。

たった3日間のうちに全員みちがえるほど変わってしまう。研修生は今、会社ですべきことを胸にいっぱい秘めて帰っていく。きっと会社の起爆人材として勇気をもって組織を活性化することであろう。

3　特別寄稿・企業内実施レポート

「企業内〝精鋭リーダーへの道〟を実施して…」

株式会社　日曜大工のＴＳＤ
人事部長　佐　藤　友　男

会社概要

■会　社　名　(株)日曜大工のＴＳＤ
■設　　　立　大正元年
■資　本　金　３億１２００万円
■代　表　者　代表取締役　大山一男
■従 業 員 数　３００名
■売　上　高　３００億円
■事 業 内 容　Ｄ・Ｉ・Ｙ品、インテリア用品、システムキッチン・家電・オーディオ製品・ＨＩ用品・レジャー用品などの販売
■本社所在地　東京都

私どもの会社は、首都圏のベッドタウン・埼玉・東京に16店舗を有し、ＨＩ商品を中心に〝住まいの専門店〟として３００人の社員で構成しています。

・自ら〝精鋭リーダーへの道〟に参加

社員の活性化を図るべく教育方法、教育内容の勉強のため、まず私自身が当研修に参加させていただきました。

厳しさの中で自分をみつめ、自分の古い殻から脱皮するために頭をかきむしり、そして躍進するための実行計画作成と、真剣にとり組んだ55時間でありました。

その時の印象は1年経った現在も体験として心の中に生き続けています。

この研修の中で強く感じたことは、人が伸びるのは他人に伸ばされるのではなく、「自らが伸びようとしていく力や個人が持っているさまざまな芽を、自らがどう育てていくか」という自己教育に尽きるということでありました。

・今何をしなければならないか

自分自身を含めストロングポイント・ウィークポイントをはっきり自覚している人は少ない。そして企業の中で、社会の中で、今何をしなければならないかをしっかりみつめている人はさらに少ない。

多くの人が日常業務に追われ、自己の反省をする時間を持たずに毎日毎日を過ごしてしまっている。また時間をつくっても自分自身を深くみつめていないのが現実であります。

・監督職105人が受講

私ども株式会社日曜大工のTSDでは、今年の1月から3月にかけて株式会社エデュースさまにお願いして監督職延べ105人を4回の研修に分け、真のリーダーになるための〝精鋭リーダーへの道〟を実施しました。

・効果の輪が社内に広がる

参加した社員、その上司、共に貴重な3日間であったことを感じています。原講師の話に「意欲だけでも、業績が2割から3割アップする。」という言葉を、一年間の成果をみて実感しています。

参加したそれぞれのメンバーが研修の中で、自己の現状をみつめ、自らがたてた計画に沿って、実践を重ねてきた結果が成果となってあらわれてきたのだと思います。さらには、その部下達が、姿勢・意識面で変革した上司に大きく刺激され動きが良くなったことも、成果があがってきた要因の一つにあげられます。

六月からは、全社運動として各部門の朝礼で、あいさつ練習を開始しました。これは〝ハートキャッチトレーニング〟の採用です。始めの頃は、まだぎこちないあいさつでしたが、最近になりやっと本当の意味でハートキャッチつまり相手の心をとらえたあいさつができるようになってきました。

今、〝社内精鋭リーダーへの道〟の効果の輪が徐々に社内に広がりつつあります。

今ほど、真の意味で人材が求められている時代はありません。多くの企業が望んでいる人材はより抜きの精鋭で、しかも指導的な役割を果たし得る人間です。当然のこととして、人間は、

① 少数の人なみを抜いて優れた能力をもつ人間

② 大多数の人なみの平凡人間
③ 比較的少数の劣った人間

の三種に大別されるのではないでしょうか。

企業が向上・発展していくためには、なみ以上の人材が多くいなければ難しいといえます。

どの会社もそうですが、自分が劣っていると認める人はいません。だが優れた人間になるためには、自己教育に励み、可能性に向かって常に挑戦し、より良く生きることに情熱をもってあたっているかということがポイントだと思うのです。

企業の中に優れた人が多くなった時、人材が揃っていると言えるし、業績も急成長するものと確信します。さらには、その業績の向上が社員の幸福に直結されるようなシステムを開発し、より働きがいのある、より生きがいがもてる企業にしていくのが人事を担当する私の使命であるし、実践しなければならないことなのです。

なぜならば、それが昨年六月に私が比叡山でたてた実行計画でもあるのですから…。

4　〝精鋭リーダーへの道〟フォローのポイント

このたび、当研修の効果について、10社を追ってみた。その結果、研修の効果が非常に大きい（組織が活性化し、業績が向上している）企業が7社、その効果が大きい（組織は活性化したが、業績は伸びるに至っていない）企業が2社、その効果があまりあがっていない（組織は活性化したが、それも三カ月程度で薄れてしまった）企業が1社であった。

ここで、初めて当研修を、お知りになった方もいらっしゃると思うのでその概要を紹介したい。

〝精鋭リーダーへの道〟概要

(1)　目的

① わが社（自分の会社）の現状を理解し、我々自身の現状をみつめなおす。
② 意識革新に、自らがめざめ、行動に革命を起こす。

(2) 運営基調
—反省、脱皮、躍進—

(3) 期間
2泊3日合宿研修

(4) 定員
20名～25名

(5) 進め方
徹底した個人指導

(6) 具体的内容
第1日目
① リーダーシップの講義
② 自分、会社の現状認識（グループ討議）

③　リーダーとしての自己評価と現状認識（個人別）
第2日目
①　自己の性格分析
②　基本動作訓練
③　信念強化のためのスピーチ
第3日目
①　業務遂行実行計画の作成
②　個人面談
③　決意発表

「研修の効果があまり上がらない」となげいているA社を訪問してみると、研修フォローに問題があることが解った。

研修を受講した3人の社員は、当初、「まず自分の部門の活性化を計り、そして会社を大きく変え成長、発展させよう。そのために自分達が作成した業務遂行実行計画を一人一人が着実にやって行こう。」と決意していた。しかし、メンバーへの3人の熱っぽい語りかけにも拘わらず、他のメンバーは知らん顔、一方、上司も積極的に3人の計画を手伝ってやろうという姿勢に欠けていた。その中で、3人は二カ月間何んとか頑張ってきたが、三カ月を過ぎるころから、だんだんと士気が低下していった。

その原因をまとめると以下の通りである。

① 〝精鋭リーダーへの道〟から帰ってきた社員は、意欲に燃え、自分の計画を実行し会社に渦巻きを起こすべく、張り切っていたが、他の社員の方々は、それに対し協力しようとせず、白い目で見ていた。

② 上司は社員3人の表面的変わり振り（以前に較べ、声は大きくなり、動作はキビキビとなり、言葉づかいも丁寧になった）についてはほめたたえたが、業務遂行実行計画については、目を通しただけであり、上司としてのアドバイスは何もしなかった。

③ 研修生（社員）が自ら作成した業務遂行実行計画のチェックは6カ月の間に、たった1回だけであった。その時も、「計画にそって実行ができていない」とい

うだけで、うまく実行できるようなアドバイスはしなかった。

これでは、成果があがるはずがない。私は、次のようなフォローのポイントを提案した。

① 上司は研修から帰って来た社員と1人最低1時間の個人面談の時間をもうけ、研修で得たものを聞いてあげる。特に業務遂行実行計画については、実施に当って障害となるものはないか。もしあるとすれば上司として何を協力したら良いかを検討する。

② 朝礼で研修生（社員）が立てた業務遂行計画を（模造紙に書いたものを全員に見せながら）発表すると共に、メンバーの協力がなければ実行できない旨を述べる。

③ 部門のミーティング（主要事項については会議）で、業務遂行実行計画達成のための細部の詰めを行う。

④ 上司は、一週間毎に計画達成に当って障害となっていることがらを聞き出す。そしてそれを解消するための協力及びアドバイスを与える。

⑤ 研修生（社員）がお互いに業務遂行実行計画の進捗状況をチェックするよう指導

する。尚、この場合上司はオブザーバーとして参加し、あまり干渉しないことが重要である。既に参加した研修生のフォローは再度、業務遂行実行計画をスムーズに行うことができるように検討して頂くこととし、これからの参加者に関しては上記のようにフォローして頂くようお願い申し上げた。

研修の効果を上げるには、研修後のフォローが一番重要であることを強調しておきたい。

研修担当
責任者　正井　理夫
木下　重幸

5　参加者の心の記録〝軌跡記録〟抜粋㈲

企業内〝精鋭リーダーへの道〟軌跡記録

株式会社V・O・C　岡山吉夫

第1日目

〈開講式〉

3年ぶりのエデュースの研修を受けるという事で、苦しいなあと言う気持ちと、がんばるぞという二つの気持ちがありました。

しかし、頑張るからには、何でも積極的にとり組み、何でも一番始めに出ていこうと心に誓う。

〈開講のことば〉

大山部長の手帳の話で、社長の言葉を書いたものを我々主任が持っていなければ、部下も持っていないという部分では反省した。

私は年の始めに、バインダー手帳にうつしたが、持っていなければ意味がない。

今後は社長の言葉はいつも持っており、事ある度に読み返す様にする。

〈個人発表〉

一番始めに出て発表できず、くやしい。次こそ一番でいくぞ！（1人2分間）私の課題は販売員の問題にした。

〈講義「リーダーシップの定義・本質」〉

いくら管理技術がすぐれていても、その人の基本姿勢が劣っていれば、リーダーシップは発揮できない。私も部下が125人おり、私の仕事に対する基本姿勢はいつも125人からみられておるんだという事を再確認する。

又、信頼がなければリーダーシップは発揮できない、という部分で、全員の部下から信頼されるという事は、非常にむずかしい事であるが、これをやらないとだめだと思う。

〈講義「リーダーシップの条件」〉

先生の言われた「会して議せず、議して決せず、決してやらず」という事は、日常の仕事でよくある事である。肝に銘じておく。

リーダーシップの第二条件・基本動作の一番始めに、「環境に対する基本動作」整理整頓が上がっているが、基本動作において私の一番できていないのは整理整頓だ。私の机、机のまわりは、部下が全員見ている。私ができていないと、部下全員にうつってしまう。これからは特に気をつけなければならない。

〈グループ討議「リーダーとしての現状認識」〉

仮の班長であったが、本当の班長となる。前回の時は班長をやらなかったので、今回はがんばってやるぞ！

グループ討議で問題点がなかなか出ない。これも班長の議事のとり方が悪いのか？一つきっかけをみつけてからはスムーズに出だした。会議が良いも悪いも議長にかかっている。今後も会議の時には気をつける。

〈グループ討議の発表〉

第2班の内容はわかりやすかったが、改善の方法がまだまだつめられていなかった。他の班の人の質問に対して、私が強引に返事を考えて言ったので、先生より指摘あり、後の班長会議の時、原先生から強引なぐらいやらないとリーダーシップはとれないと言われ、非常にうれしかった。

〈リーダーとしての現状認識〉

自分の問題点、原因、改善の方向と掘り下げて考えていく事の大切さを学んだ。今後も、いきづまった時にはこの考え方をしてみる価値はある。問題点はやはり販売員の問題しかないであろう。今の私の仕事内で一番できていないのは、販売員指導教育である。

一月二日にギックリゴシになって、コルセットをまいての研修参加、今日は何とかもった。明日もがんばるぞ！

〈朝礼〉

第2班が当番の為、私が指揮をとって朝礼を行う。号令ひとつで20人の人間を動かすのはむずかしい。しかし、何とか無事に朝礼を終えられた。よかった。

〈朝食〉

私が指揮を取って朝食をとる。一分間スピーチのテーマは「相撲」にした。3人の人がそれぞれちがう内容の話をする。それぞれ感じ方がちがうものである。

〈性格検査〉

性格検査ではっきりとでている。外向的であるが、攻撃性だけ、ちょうどまん中にあった。スピーチする時間に原先生の方から「協調性が強すぎる。人の意見を聞きすぎる部分がある。リーダーとしては、もっと強引な部分が必要である」と言われた。私は一見非常に強引な様に見えるが、本当は非常に気にする方である。部下をきつく叱ったあとでも、気になってしかたがないという部分がある。強引に事をはこんだ後でも、これでよかったのかどうか考えてしまう。私の弱い一面でもある。

〈基本動作訓練〉

檄文を書いて大声で叫ぶ。私は「取り組んだらはなすな、決してはなすな、目的完遂までは」を檄文にした。大声で叫ぶと気持ちがよい。たまにはやってみるものである。私はこの文章が非常に好きだ。

この文章は仕事をしているかぎり、いつまでも使っていきたい。

〈昼食〉

一分間スピーチの感想を私がいう時、原先生がもっと小さな声で、と言われてうろたえた。まわりのお客様の迷惑を考えられたのであろう。

〈スピーチ特訓・信念強化〉

私は課題を「販売員の把握ができていない」という点にした。

実際の所、私の仕事の中で、一番満足にできていないのはこの部分である。私自身、開発面の仕事に関しては、自分で仕事を取ってくる事ができる様になってきているし、又、私自身が一番好きな仕事である。販売員の指導教育という仕事もきらいではないが、あとまわしにしてしまっている。おととしの二月、私が営業から販促になって一人でやっていた時の方がもっとがむしゃらに、販売員の心をつかもうとしていた。今は、開発面の仕事が忙しくなり、それをいいわけにして販売員指導から逃げていた。逃げてはいけない。

株式会社V・O・Cの社員の半数以上が販売員である。今後の株式会社V・O・Cの大切な部分の一つに販売員の強化はあげられる。私がやらないで誰がやる。もう一度、おととしの二月の初心にもどって取り組んでゆく。

株式会社L・L・Aの山川主任のスピーチを聞いて思ったが、山川主任の上司も、販売員教育の面に関しては、ほったらかしである様だ、だから上司への不満を持っている。私もこの研修がなければ、そういう上司になっていたかもしれない。

スピーチ特訓の第2回目では、全員がアドバイスを取る方法であった。みんなが我先にと争う様になり非常によかったと思う。あれを先にアドバイスした5人とかいう風に決めていたら、又同じメンバーばかりのアドバイスになったと思う。

先生の言われた「注意する時には五つ誉めて、一つ叱る」これはおぼえておいて、使わせてもらう。
スピーチがＯＫになった時は、本当にうれしかった。気分晴々！

〈朝礼〉

昨夜一時間半程しか寝ていないので、非常に眠たい。研修中に眠たくならないか心配であった。

朝礼は表で行ったが、昨日と比べて非常に寒い。笑顔でおじぎの練習も、風が冷たくて笑顔にならなかった。

第3班・飯田主任がリーダーで朝礼を行ったが、事前の説明はうまくしていた。私自身あまり考えずに行動したり、言ったりする所があるので、そういう面は見習いたい。

〈朝食〉

本日の朝食はパンであった。あと一回昼食を食べたら研修も終わりだと思うと、がんばろうと思う反面、ホッとしている。

一分間スピーチのテーマは「冬」であった。営業マンは、やはり寒さとバーゲンの数字の話をしてしまう。私も一緒である。

〈スピーチ特訓・信念強化〉

昨日11名が合格し、今日は残った9名である。私の第2班も4名は合格したが、3名残っている。がんばって早く合格してください。

同じ株式会社V・O・Cの山原リーダーが非常にいいスピーチをしたと思ったが、原先生から私と面談室に行き、改善の方向の具体例を考える様にいわれた。山原リーダーは、リーダーになるのは忙しくなるし、いやだと思っていたという。女の子の考え方にはわからない所が多い。正直いって私は早く出世がしたいし、金もほしいので、正反対の考え方である。具体例をアドバイスして部屋にもどる。山原リーダーは、前回よりも元気がない。まだ考えがまとまっていない様子だ。しかし合格した。よかった。ラストから3番目で、田川主任がラスト2番で、川口主任が合格した。とりあえずよかった。

〈実行計画・具体策展開表作成〉

三年後の目標、販売員の数もその頃には、200名を超えているだろう。今のままの組織では、それこそまわっていないだろう。私一人で走りまくるには、大きくなりすぎている。

　私の手となり足となってくれるスタッフの育成が必要だ。

　私は今まで誠意と行動力で売上げを作ってきたが、今はなかなかそれだけでは、売上げがいかない時代となってきている。頭も必要だ。

　研修会をもっと確実にやっていく必要がある。そしてその後の現場のフォローが必要だ。そうでないと販売員はけっしてよくならない。

　それと、一昨年私の作った販売マニュアルの見直し、たりない部分をつけたり、余分な部分をきりすてよう。

　教育面においては、やはり基本動作、基本姿勢をきびしくチェックしていく必要がある。私自身が実施していく研修でも、エデュースの研修からいろいろと取り入れてみよう。

　それとL・L・Aの山川主任とは、同じ様な仕事をしているが、L・L・Aの方がこういう面においては、数段進んでいる。今にみておれ、いつか抜いてやるぞ！

〈昼食〉

最後の食事だ。幕の内弁当であった。あまり腹いっぱいになると眠気がおそってくる可能性があるのでひかえる。寝不足で、コンタクトレンズはいたいし、最悪になってきた。あと少しだがんばろう。

〈個人面談〉

個人面談にいく順番を黒板に書くのを忘れてトイレへ行っていて、最後の方になってしまった。これも手を上げていくなら一番にいってやろうと思っていたのに失敗した。油断大敵、あと少しだ。最後まで気をゆるめてはだめだ。がんばれ！

6　〝精鋭リーダーへの道〟行動基準・三訓三戒

〈三訓三戒〉……日常生活の心の糧として

三訓

一、反省を忘れるな

一、こだわりを捨てよ

一、前へ前へ進め

三戒

一、時間を守り、けじめをつけよ

一、逃げるな、言い訳をするな

一、愚痴を言うな

I　〝三訓三戒〟解説

三訓三戒とは…

●われわれは、皆己の人生の主役である。
かけがえのないこの道、今歩んでいるこの道、今歩んでいるこの道を大切にするためにこそ〝志〟をもとう。

●〝志〟の高さがその人の生涯を定める。
〝志〟こそ道を拓く。

●〝志〟をたてれば、明確な人生の目標が生まれる。この目標が方向を与える。
生きる希望、忍耐力、決断力はこうして定まる。

●そのためには、小さな実践の積み重ねが大切である。

●実践なくして創造はあり得ない。
地道な実践を通じて、日々の生活の態度と姿勢をつくり直すために、この三訓三戒がある。

Ⅱ　三訓三戒詳説

〈三　訓〉

一、反省を忘れるな

反省なきところに脱皮はない。脱皮なくして進歩はない。

うぬぼれ、高慢な人間に人は寄り付かない。我欲《がよく》が強すぎると人は一緒に仕事をすることを嫌う。そのような人はやがて人に去られ、孤立、自滅する。

自分自身で、そのことがわからないから始末が悪い、だから静かに自分の心に問うしかない。

反省があってこそ、順境、逆境を問わず、自分の人生が築ける。

〈三　訓〉

一、こだわりをすてよ

こだわりとは、自分の過去にしがみつくことだ。

今日は過去の積み重ねに違いない。

しかし、明日の何ものも保証していないのも事実だ。

新しい自分のものを創るときには、キレイサッパリと、過去とは訣別《けつべつ》することだ。

これは言うほど易しくはない。

こだわりこそ自己限定の壁である。

頭の中や胸の中のしこりをとろう。そして一皮脱ごう。〝たらば蟹《がに》〟が自分の足を折って脱皮していくように…。

立ち止まり、〝逡巡《ためらう》〟していても新しい世界は拓けない。

〈三　訓〉

一、前へ前へ進め

積極的な目で物事を見ることが大切だ。

一つのものを見る時、それを前向きに見るか、後向きに見るかで、全く異なる。人生観も変わる。

人も、仕事もそうだ。マイナスを考えずプラスに考える。暗く考えずに明るくとる。で、なければ創造性はめばえないし、行動実践力などつくはずもない。

「とにかくやってみよう！」「粘って粘って壁にブチ当れば、その時に考えてみよう」という生き方を、部下やメンバーは認める。

一歩前へ出るには、とにかく、一歩足を前へ踏みだすことだ。

〈三 戒〉

一、時間を守り、けじめをつけよ

時間は生命《いのち》であり、リズムである。時間を守れない人は信用できない。人の生命は有限だ。時間には限りがある。時間を大切にしない人は、自分の生活も他人の生活も大切にしない人である。

約束を破り、時間を守れない人は、相手の人間性を無視したと思え。他人の行動にウルサイ人ほど自分に甘い。理屈をつける。そんな人間のいうことなど誰も信用などしないと思い知れ。

時間を大切にするためにこそ、計画的に物ごとを進め、一日一日をコントロールし、精一杯生きる習慣を身につけよう。

〈三　戒〉

一、逃げるな、言い訳をするな

言い訳をするのに、実に見事な筋書《すじがき》をつくる人がいる。それがどうしたというのか。一体、どれだけ自分のプラスになっているのか。〝逃げる〟と〝言い訳する〟は一体のものだ。

言い訳は習慣化する。真正面を向いて堂々《どうどう》事に当れ。逃げていては、事は進まぬ。素ッ裸になって仁王立ちの人間に他人は感動をおぼえる。

格好をつけるな。結果をとりつくろうな。他人にはその場をごまかせても、自分自身はあざむけない。

〈三　戒〉

一、愚痴を言うな

愚痴は所詮、泣きごとにすぎない。

泣きごとが通用するほど世間は甘くない。

部下、後輩に対して、一言でも、それらしきことを口にした瞬間から、リーダーとしては失格だ。一たん失墜した権威は10倍の努力をしても回復はかなわないことを知れ。

自分がメンバーに洩らす泣きごとで「あゝ、この人も私達と同レベルだな」と思われる。自分に腹をたてよ。そして、たくましく、強い仕事師に変身することだ。

Ⅲ　プロ三訓

一、プロとは、自分の仕事で金を稼げる人

一、プロとは、仕事そのものに働きがいを持てる人

一、プロとは、仕事そのものに帰属意識を持つ人

そしてプロとは、人よりも大きな報酬を得て、より豊かな生活を実現する人である。

あとがき

〝精鋭リーダーへの道〟という公開研修は、昭和57年夏に第一回を開催し、以来十三年という歳月を重ね、回数も百五十回近くになろうとしています。

昭和五十七年といいますと昭和四十七年の第一次オイルショックから十年が過ぎ、経済環境も国境なき時代へと、本格的に突入、企業もおかれた環境にどう対応するかが大きな課題でした。企業トップはそのために社員への意識転換を迫り、企業の態勢建て直しに懸命。幹部社員は、なかなか時の急激な流れについていけない…。

このようなトップと幹部の企業内における意識のギャップを何とか埋めるべく要望が私共のクライアントから寄せられたのです。

「船（会社）の規模が、五十人規模から五百人、千五百人を越えようとしている中、旋廻しようと方向を示し、動こうとしても、図体が大きくなり、上手くいかない。何とか幹部の意識を変えるために、エデュースの顧問先、幹部を集めて合同研修をして下さい。」

要するに、他社において、自分と同じ立場にいる幹部は何を考え、どうしようとしているのか、ということを自分の目で見極め経営に関することや組織のメンバーをうまく動かすため事例・システムの情報を交換し、幹部としての心の持ちよう、行動の基準を学んでほしいということでした。

こういった趣旨で始まった研修ですから、一回毎の研修を受けていただく人数は20人に限定し、とにかく丁寧な、心と心がかよう研修をしようと心がけ二泊三日のスケジュールを組みました。

この頃は所謂、特訓モノが最全盛の頃ですが、表向きの経営者受けするハードな訓練と画一的・多量消化の儲け第一にだけは絶対に走らないでおこうと期したものです。

僅か、二泊三日で〝リーダーとは〟〝リーダーの仕事は〟〝リーダーの具体的行動は〟といったテーマをこなすわけですから、なるべく、課題をシンプルにしていただきます。

それにしてもこの短い期間では、研修を受ける方自身も「三日間で何ができる」と思っておられるようです。

今、エデュースのメンバーが直接担当し、実施していますが、世間一般で言う常識的普通人的感覚、客観的に物ごとを見ることの出来るインテリジェンスの持ち主です。このような常識的なセンスをしっかり持っていないで一方的に講師自身の歪んだ考え方を押しつけたり、予め用意された方向にしか導けないレベルでは対応できません。

ですから、研修の進行に合わせ、あたり前のことを順々に追って説き、それに自分を合わせて受講する方が課題を見つけていけば、研修の中における様子さえ講師がしっかり見ておけば、たとえ三日間という短期間でも、それなりにしっかりした現状認識をしていただけるのです。

自分の生き方を、真剣さを自分に誇れる仕事をするためにと心して年がすぎました。エデュースというファームの今に至る迄をメンバーと共に確認する意味もこめて、エデュース流の流儀にそって組織リーダーの在り方と育てるための一過程をご紹介しました。

二〇二一年九月

〈研修・教育用副読本〉一覧

エデュース・原 清の書籍 ——１９８１〜２０２１年

リーダー用

１.「精鋭リーダーへの道」
近代文芸社・１９９４年1月／2刷１９９７年1月
サンライズ出版・２０２１年8月31日
開催５９０回、参加者1.5万人を超える「リーダー研修」に供し、復刻再版。集団を目標に導くリーダーの使命と自覚、考え方に迫る。

経営者用

２.「アントレプレナーシップ経営の実践」
近代文芸社・１９９４年1月／2刷１９９７年1月
サンライズ出版・２０２１年8月31日
起業家・中興の祖と言われる経営者のセオリーを再版。

中堅リーダー用

３.「プロビジネスパーソンのあなたのためになりたい本」
エデュースはら事務所・１９９７月1月
復刻版　サンライズ出版・２０２０年6月
ビジネスパーソンの基本。

経営幹部用

４.「企業力」㈱エデュース・２００１年1月
「中文版　企業力」
台湾・中国生産力中心・２００５年10月
トータル企業力は、経営者のあり方・市場（マーケティング）・企画開発・営業・組織・マネージメント力・理念社風・中期経営ビジョンの実際にある。

経営者・後継者用

６.「実証・経営原則—継ぎ、続ける—」
エデュースはら事務所・２０２１年8月
マネージメントコンサルとして45年、会社（事業）継承と継続を原則と事例にまとめ体系化。2版ではウエルシアの創業者と経営事例を増補。

７.機関誌「企業と人」No.１〜１４５
エデュース・１９８１年3月〜２０２０年1月

８.「幸福《しあわせ》が目じるし創業者精神と今—原点の学び—」
現存し地歩を固める企業の原点について軌跡を知りその経験則と歴史から探る。（２０２４年1月発行予定）

■著者紹介

原　清（はら　きよし）

滋賀県彦根市生まれ

1969年　台湾・国立中興大学農学部農業経済研究所修士課程卒
工作機メーカーの倒産、会社更生法適用申請にともない勤務していた系列会社退社。

1975年　大手経営コンサルタント会社に約３年、誘いを受けたコンサル会社で５年の大阪勤務。

1982年　㈱エデュースコンサルタンツを設立。大阪・西天満で18年、京都・七条通りで18年。

2019年　彦根に戻る。

エデュース・はら事務所
E-mail　educekyoto.hara227@icloud.com

写真提供：森田　宏（もりた　ひろむ）

精鋭リーダーへの道

2021年９月10日　第１刷発行

著　者　原　清
発行者　岩根順子
発行所　サンライズ出版株式会社
〒522-0004 滋賀県彦根市鳥居本町655-1
電話 0749-22-0627　FAX 0749-23-7720

印刷・製本　サンライズ出版株式会社

 ISBN978-4-88325-739-3 C0034　Printed in Japan

本書は、1994年に近代文芸社より刊行された『精鋭リーダーへの道』に加筆したものです。